www.ingramcontent.com/pod-product-compliance
Lightning Source LLC
LaVergne TN
LVHW010607070526
838199LV00063BA/5102
* 9 7 8 9 3 5 8 7 2 6 5 0 3 *

ماہِ مقدس رمضان

(مضامین)

مرتب:

مکرم نیاز

© Taemeer Publications LLC
Maah-e-Muqaddas Ramadan (Holy month of Ramadan)
by: Mukarram Niyaz
Edition: March '2024
Publisher :
Taemeer Publications LLC (Michigan, USA / Hyderabad, India)

ISBN 978-93-5872-650-3

9 789358 726503

مصنف یا ناشر کی پیشگی اجازت کے بغیر اس کتاب کا کوئی بھی حصہ کسی بھی شکل میں بشمول ویب سائٹ پر اَپ لوڈنگ کے لیے استعمال نہ کیا جائے۔ نیز اس کتاب پر کسی بھی قسم کے تنازع کو نمٹانے کا اختیار صرف حیدرآباد (تلنگانہ) کی عدلیہ کو ہوگا۔

© تعمیر پبلی کیشنز

کتاب	:	ماہِ مقدس رمضان (مضامین)
مرتب	:	مکرم نیاز
صنف	:	مذہب
ناشر	:	تعمیر پبلی کیشنز (حیدرآباد، انڈیا)
سالِ اشاعت	:	۲۰۲۴ء
صفحات	:	۷۶
سرورق ڈیزائن	:	تعمیر ویب ڈیزائن

فہرست

(۱)	رمضان المبارک سایہ فگن ہونے والا ہے	اسرار الحق قاسمی	7
(۲)	ماہ رمضان المبارک ہمیں کیا عطا کرنے آیا؟	انوار الحق حلیمی	12
(۳)	یا شہر الصیام -اہلاً و سہلاً	مولانا مفتی خلیل احمد	17
(۴)	رمضان -عبادات کی یکسوئی کا مہینہ	مفتی محمد مجیب الرحمن	21
(۵)	ماہ رمضان کا خصوصی تحفہ -ترقیٔ باطن اور تزکیہ نفس	محمد مجیب الدین قاسمی	25
(۶)	ماہ رمضان المبارک و شوشا نتی	عظیم اللہ صدیقی	29
(۷)	ماہ رمضان المبارک کی فضیلت	محمد تبسم بشیر اویسی	35
(۸)	ماہ رمضان اور اس کی افادیت	محمد راشد فلاحی	39
(۹)	رمضان المبارک کس طرح گزاریں؟	خالد سیف اللہ رحمانی	45
(۱۰)	رمضان میں بچوں کو مثبت سرگرمیوں میں ---	منیرہ عادل	49
(۱۱)	اس طرح توڑ میرے دل کو کہ آواز نہ ہو	زبیر حسن شیخ	52
(۱۲)	استقبال ماہِ رمضان	محمد مشتاق تجاروی	57
(۱۳)	رمضان المبارک: عظمت، حرمت اور فضیلت والا مہینہ	مدیحہ فصیح	62
(۱۴)	ماہ رمضان المبارک کا آغاز: موسم بہاراں کی آمد	آیت اللہ خامنہ ای	69

ابتدائیہ

راقم الحروف نے ۱۵/ دسمبر ۲۰۱۲ کو 'تعمیر نیوز' کا آغاز بطور نیوز پورٹل کیا تھا جسے جنوری 2018ء سے ایک علمی، ادبی، سماجی اور ثقافتی پورٹل میں تبدیل کیا گیا۔ تبدیلی کی بنیادی فکر یہی رہی کہ اردوداں قارئین کے ذوقِ مطالعہ میں اضافہ کی خاطر انہیں صرف خبروں تک محدود رکھنے کے بجائے اردو زبان و ادب کے اس علمی ذخیرے سے مستفید کیا جائے جس کی سائبر دنیا میں آج بھی کمی محسوس کی جاتی ہے۔ ایک دہائی سے زائد طویل سفر کے دوران 'تعمیر نیوز' نے علمی و ادبی مواد کے انتخاب اور معیار کی برقراری کے لیے اپنا فریضہ نبھانے میں کوئی کوتاہی نہیں برتی ہے۔

علمِ نافع کی اشاعت کی خاطر سائبر دنیا کے متعدد علمی، ادبی و ثقافتی ویب پورٹلس پر مذہبی و اصلاحی مضامین کی شمولیت کو بھی مناسب اہمیت اور جگہ دی گئی ہے۔ تعمیر نیوز نے اسی روایت کی پاسداری کرتے ہوئے کسی خاص مکتب فکر کو ترجیح دینے کے بجائے معلوماتی و مفید مذہبی و اصلاحی مضامین و مقالات کو شائع کرنے کا اہتمام کر رکھا ہے۔ ماہِ مقدس رمضان کے موضوع پر شائع شدہ انہی مضامین کا ایک انتخاب زیر نظر کتاب "ماہِ مقدس رمضان" کی شکل میں پیش خدمت ہے۔

امید ہے کہ اس کاوش کا علمی، ادبی و مذہبی حلقوں میں استقبال کیا جائے گا۔

مکرم نیاز

یکم/رمضان ۱۴۴۵ھ : ۱۲/مارچ ۲۰۲۴ء

حیدرآباد (تلنگانہ، انڈیا)

رمضان المبارک سایہ فگن ہونے والا ہے

اسرار الحق قاسمی

ماہ رمضان سایہ فگن ہونے والا ہے۔

یہ مہینہ انتہائی برکت والا مہینہ ہے۔ امت محمدیہ پر اللہ کا بڑا احسان ہے کہ اس نے امت محمدیہ کو ایسے مواقع عطا فرمائے، جن میں وہ زیادہ سے زیادہ ذخیرۂ آخرت جمع کر سکتے ہیں۔ ایسے تمام مواقع میں ماہ رمضان سر فہرست ہے۔ اس مہینے کے روزوں کی بہت بڑی فضیلت ہے اور صرف اسی مہینے کے روزے فرض کئے گئے ہیں۔

اس مہینہ کا ایک ایک روزہ انتہائی اہمیت کا حامل ہے۔ اللہ تعالیٰ روزۃ دار کو عظیم اجر عطا فرمائے گا۔ سحری کھانے اور افطار کرنے کی بھی فضیلت ہے۔ قرآن کریم کی تلاوت کی بھی بڑی اہمیت ہے۔ اس مہینہ میں ہر نیک عمل کا ثواب ستر گنا زیادہ ملتا ہے۔ اس مہینے میں شب قدر کا وقوع ہوتا ہے۔ اتنا عظیم و برکت والا مہینہ جس مسلمان کو میسر آجائے، اس کیلئے بہت خوش قسمتی کی بات ہے لیکن یہ رمضان کا فائدہ اسی وقت کماحقہ حاصل ہوگا، جب کہ اس کے تقاضوں کی تکمیل کی جائے۔

یہ بڑی المناک بات ہے کہ بہت سے لوگ اس برکت والے مہینے کے تقاضوں کی طرف دھیان نہیں دیتے اور اسے یونہی گزار دیتے ہیں۔ مثلاً بعض مسلمان روزے نہیں رکھتے۔ بلا شرعی عذر کے روزے نہ رکھنا انتہائی محرومی کی بات ہے۔ بہت سے لوگ

رمضان میں گناہوں سے نہیں بچتے، یہ بھی غیر مناسب بات ہے۔

رمضان کا پورا مہینہ امت مسلمہ کیلئے خیر وبرکت کا مہینہ ہے، اس مہینہ میں رحمت خداوندی جوش میں ہوتی ہے۔ اس مہینہ میں شیاطین کو قید کر دیا جاتا ہے اور ایسے اعمال کرنے کی ہدایت کی جاتی ہے، جن کو اسلام میں بڑی اہمیت حاصل ہے۔

سرور کائنات حضرت محمد صلی اللہ علیہ وسلم اور آپؐ کے صحابہ اس مہینہ کا انتظار کرتے تھے اور اس کی آمد پر خوش ہوتے تھے۔ نبی علیہ الصلوۃ والسلام نے اس مہینہ کی آمد کے موقع پر صحابہ کرام سے خطاب کرتے ہوئے فرمایا:

"اے لوگو! تم پر عظمت وبرکت والا مہینہ سایہ فگن ہو رہا ہے، اس مبارک مہینہ کی ایک رات (شب قدر) ہزار مہینوں سے بہتر ہے۔ اللہ تعالیٰ نے اس مہینے کے روزے فرض کئے ہیں"۔

ماہ رمضان بھلا اتنا عظیم اور افضل کیوں نہ ہو، جب کہ اس میں تمام عاقل، بالغ مسلمان پر روزے فرض کئے گئے۔ ارشاد باری ہے:

یا أیھا الذین آمنوا کتب علیکم الصیام کما کتب علی الذین من قبلکم لعلکم تتقون

"اے ایمان والو! تم پر روزے فرض کئے گئے ہیں، جس طرح تم سے پہلے گزرے ہوئے لوگوں پر فرض کئے گئے"۔

(البقرہ:۱۸۳)

گویا کہ رمضان میں عامۃ المسلمین کیلئے فرض روزوں کی ادائیگی کا موقع میسر آتا ہے، جو کہ انتہائی اہم عمل ہے اور اللہ تعالیٰ کو بے حد پسندیدہ ہے۔ یہی وجہ ہے کہ روزہ کو اسلام کے پانچ بنیادی ارکان میں سے ایک ہونے کا شرف حاصل ہے۔

"روزہ" کی ادائیگی سے جہاں ایک اہم ترین فریضہ کی ادائیگی ہوتی ہے، وہیں وہ

لوگوں کو متقی بنانے میں بڑا کردار ادا کرتا ہے۔ روزہ رکھ کر بندہ اپنے آپ کو اس بات کا اہل بناتا ہے کہ وہ اپنی تمام تر خواہشات پر قابو پاسکے۔ اگر اس کا جی کھانے کو چاہے تو وہ نہ کھائے، اگر پینے کو چاہے تو نہ پیے، اگر مجامعت کو چاہے تو وہ بھی نہ کرے۔ فحش گوئی نہ کرے، گندی باتوں سے پرہیز کرے اور متقی بن جائے۔

آنحضرت صلی اللہ علیہ وسلم کا ارشاد ہے:

"روزہ ڈھال ہے اور تم میں سے جو کوئی کسی دن روزہ سے ہو، تو اسے چاہئے کہ فحش اور گندی باتوں سے آلودہ نہ کرے، شور برپا نہ کرے، اگر کوئی اس سے گالی گلوج پر اتر آئے یا لڑائی کیلئے آمادہ ہو جائے تو اسے دل میں سوچنا چاہئے کہ میں تو روزے سے ہوں"۔

(بخاری و مسلم)

ایسا کرنے سے انسان صاحب کردار، نیک اور صالح بنتا ہے۔ روزے کے جس طرح روحانی فوائد ہیں، اسی طرح اس کے جسمانی فائدے بھی ہیں۔ رمضان ہی کے مہینہ میں ایک اور عمل تراویح کا ہوتا ہے، جس کا بڑا ثواب رکھا گیا ہے۔

اللہ کے رسول صلی اللہ علیہ وسلم نے ارشاد فرمایا:

"جس نے ماہ رمضان میں ایمان و ثواب کی امید سے قیام کیا، اس کے گذشتہ گناہ معاف کر دیئے گئے"۔

(مسلم شریف)

دن میں رضائے الٰہی کیلئے روزے اور رات میں قیام باللیل یقیناً مسلمانوں کیلئے عظیم اجر کا باعث ہے۔

ماہ رمضان کے افضل ہونے کی سب سے بڑی اور کیا دلیل ہو سکتی ہے کہ اس مہینہ میں قرآن کریم کا نزول ہوا۔ یعنی اس کتاب کا نزول جو خالص کلام الٰہیٰ ہے اور دین اسلام

کی اساس ہے۔ قرآن قیامت تک کیلئے ہے۔ اس کے اندر واضح آیات ہیں کہ انسان ان میں غور و فکر کرے اور اپنی منزل کو پائے۔ اللہ تعالیٰ کا ارشاد ہے:

شھر رمضان الذي أنزل فيه القرآن ھدی للناس وبينات من الھدی

"یہ وہ مہینہ ہے جس میں قرآن حکیم نازل کیا گیا، جو تمام انسانوں کیلئے سراسر ہدایت ہے"۔ (البقرہ:۱۸۵)

رمضان میں قرآن حکیم کے نزول کے ساتھ ایک اور چیز اسی مہینہ میں رکھ دی گئی، جس کی جستجو انسان کو کامیابی سے ہمکنار کر سکتی ہے، وہ چیز "شب قدر" ہے۔

قرآنی آیات کے مطابق شب قدر انتہائی عظیم رات ہے اور ہزار مہینوں سے بہتر ہے، یعنی اس رات میں عبادت کرنے والا شخص ایسا ہے گویا کہ اس نے ہزار مہینوں تک عبادت کی۔ ارشاد باری ہے:

لیلۃ القدر خیر من ألف شھر

"شب قدر ہزار مہینوں سے بہتر ہے"۔ (سورہ قدر)

شب قدر کی تاریخ کا تعین تو اگرچہ نہیں کیا گیا ہے، البتہ زیادہ تر روایات سے معلوم ہوتا ہے کہ یہ رمضان کے آخری عشرے یا اس کی طاق راتوں میں واقع ہوتی ہے۔

مسلمانوں کو چاہئے کہ وہ رمضان میں اپنے تمام معمولات کو اسلام کے مطابق ڈھالیں، تاکہ اس مہینہ کو پورے طور پر اسلام کے مطابق گزار کر اجر عظیم کے مستحق بن سکیں اور پھر اس کے اتنے عادی ہو جائیں کہ رمضان کے بعد بھی وہ اسلام کے مطابق ہی کام کرتے رہیں۔

رمضان میں ایک اہم چیز جو حاصل کی جا سکتی ہے، وہ تقویٰ ہے۔ اور تقویٰ کا مطلب یہ نہیں کہ وہ صرف کسی ایک مہینے میں رہے اور باقی مہینوں میں تقویٰ نہ رہے،

بلکہ تقویٰ تو مستقل رہنا چاہئے۔ یعنی مسلمان کو رمضان کے مہینے میں بھی متقی رہنا چاہئے اور رمضان کے بعد بھی۔

رمضان میں انسان گالی گلوج، منفی عادات و سلوک سے بچنے کی کوشش کرتا ہے، لیکن اگر اس کے پیش نظر یہ بات رہے کہ وہ رمضان کے علاوہ بھی ان سے بچے گا تو اور زیادہ بہتر ہوگا۔ عموماً اللہ کے بہت سے بندے قرآن مجید کی تلاوت اس مہینے میں خوب کرتے ہیں، لیکن رمضان کے علاوہ بہت سے لوگ قرآن کی تلاوت کا بالکل اہتمام نہیں کرتے۔ رمضان میں تلاوت کرتے ہوئے اگر دل میں یہ بات رہے کہ رمضان کے بعد بھی وہ تلاوت قرآن کا اہتمام کریں گے تو اس مہینے میں ان کا ذہن رمضان کے بعد تلاوت کیلئے یقیناً تیار ہو جائے گا اور رمضان کے بعد بھی تلاوت کا اہتمام کرنا ان کیلئے آسان ہو جائے گا۔

ایک اور چیز جو بڑی اہم ہے وہ یہ کہ ماہ رمضان کو سادگی سے گذارنا چاہئے، لیکن آج کل رمضان کو بعض لوگ بہت پر تکلف بنانے میں لگے رہتے ہیں۔ بہت سے لوگ عصر کے بعد افطاری میں انواع و اقسام کے کھانوں کو جمع کرتے رہتے ہیں یہاں تک کہ پورا وقت اسی تگ و دو میں گزر جاتا ہے۔ یہ یاد رکھنا چاہئے کہ رمضان کا ایک ایک لمحہ عظیم ہے، وہ یونہی نہ گزر جائے۔

الغرض ماہ رمضان کو اس کے تقاضوں کے ساتھ گزارا جانا چاہئے اور کوشش کرنی چاہئے کہ زیادہ سے زیادہ ذخیرۂ آخرت اس مہینے میں جمع ہو جائے۔

***

ماہ رمضان المبارک ہمیں کیا عطا کرنے آیا؟

انوار الحق حلیمی

للہ رب العزت نے یہ وسیع متنوع اور رنگ برنگی کائنات انسان کیلئے بنائی ہے۔ وہ اس کے حکم کے مطابق جائز طور پر اسے برتے اور استعمال کرے، چنانچہ انسان اپنی زندگی میں خداوند کریم کی عطا کردہ نعمتوں سے فائدہ اٹھاتا ہے، یہ نعمتیں اتنی ہیں کہ انسان اگر شمار کرنا چاہے تو شمار نہیں کر سکتا، لیکن کیا انسان دنیا میں صرف اس کی لذتوں سے لطف اٹھانے کیلئے آیا ہے، کہ وہ خوشگوار اور مزیدار چیزوں کو جتنا اس سے ہو سکے استعمال کرے، عمدہ سے عمدہ کھانا اور بہترین مشروات سے شکم سیر ہو، اور اپنی زندگی کے شب و روز اسی فکر میں گذارے کہ کتنا کمالیں اور کتنا بڑھیا کھالیں، معلوم نہیں ہے صرفت عمر کب تک ہے، لہذا جی کی کوئی حسرت باقی نہ رہنی چاہیئے اور گویا اس کی زندگی اس کی مصداق بن جائے کہ:

بابر بعیش کوش کہ عالم دوبارہ نیست۔

للہ رب العزت نے انسان کو صرف اپنی عبادت اور یاد کیلئے پیدا کیا ہے۔ ارشاد باری تعالیٰ ہے:

وماخلقت الجن والاِنس اِلا لیعبدون

ہم نے جناب اور انسان کو صرف اپنی عبادت کیلئے پیدا کیا ہے۔

(الذاریات:۵۱- آیت:۵۶)

دنیا امتحان گاہ ہے کہ کون نیک اعمال کرتا ہے، اپنے خالق و مالک کی مان کر چلتا ہے، اور کون اس کے احکام سے سرتابی کرتا ہے، اور صرف اپنی خواہشات کے پیچھے مڑتا ہے، انسان کی تخلیق اس لئے ہوئی ہے کہ وہ اپنے خدا سے لو لگائے، اس کی عبادت کرے، اس کے آگے سرنگوں ہو، اس کی عظمتوں پر اپنے عجز و نیاز کی پونجی نچھاور کرے، اس کی یاد اس کیلئے سرمایہ حیات ہو، وہ ہمیشہ اسے راضی رکھنے کی فکر رکھے، اس کا کوئی قدم اس کے حکم کے خلاف نہ اٹھے، اگر وہ ایسا کرے گا تو دنیا و آخرت دونوں میں سرخرو ہوگا۔ اسے سکون و قرار ملے گا اور دل کو ٹھنڈک نصیب ہوگی، لیکن اگر اس نے صرف دنیاوی لذتوں اور منافع کو اپنا مقصد زندگی جانا، تو وہ ساری دنیا کے خزانے اپنے قدموں میں ڈھیر کرنے اور سارے وسائل راحت حاصل کرلینے کے باوجود بے سکونی اور اضطراب کا شکار رہے گا اور شاندار مکان اور نرم بستروں پر بھی بے قراری کیساتھ کروٹیں بدلتا رہے گا۔ خدا کی یاد اور اس کی عبادت کے بغیر چین و سکون کی دولت نہیں مل سکی۔

اَلَا بذکر اللہ تطمئنّ القلوب

یاد رکھو کہ للہ کے ذکر ہی سے دلوں کو اطمینان نصیب ہوتا ہے۔

(الرعد:۱۳- آیت:۲۸)

ماہ رمضان المبارک اس لئے آتا ہے کہ عام طور پر سال کے گیارہ مہینے بڑھتی ہوئی مادی مصروفیات کی وجہ سے جو عبادت اور خدا کی یاد کیلئے کچھ فرصت اور اوقات نہیں نکل پاتے، اس ماہ میں اس کی تلافی ہوجائے، اب ان کے روزے، رات کی تراویح، کثرت سے قرآن کریم کی تلاوت، نوافل و تسبیحات کے ذریعہ دل کی صفائی ہو، اس پر جو غفلت کے پردے پڑ گئے ہیں، وہ ہٹ جائیں، اس پر لگے زنگ صاف اور بیٹری پھر سے

چارج ہو جائے۔

ماہ رمضان المبارک میں یہی ہوتا ہے، سخت گرمی ہے، پیاس سے حلق سوکھی جارہی ہے، تنہائی ہے، فرج میں ٹھنڈا پانی موجود ہے لیکن روزہ دار مسلمان اسے ہاتھ نہیں لگاتا، صرف اس لئے کہ جس خدا کیلئے میں نے روزہ رکھا ہے اور جس کے حکم کی تعمیل میں یہ صبر وبرداشت سے کام لے رہا ہوں وہ مجھے دیکھ رہا ہے، اور وہ مجھے اس کا صلہ اپنی رضا شاندار جنت اور دائمی راحت سے دے گا۔ درحقیقت رمضان المبارک ایک تربیتی کورس ہے، جس سے ایک مسلمانوں کو گذارا جاتا ہے، کہ جس طرح وہ للہ کے حکم پر کھانا اور پینا چھوڑ دیتا ہے اسی طرح وہ اپنی زندگی کے تمام معاملات میں للہ ہی کی طرف رجوع کرے، ریاضت ومجاہدے کے ذریعہ، بری عادتیں اس کے اندر سے نکل جائیں، اس کے اندر پاکیزہ اخلاق واوصاف پیدا ہو جائیں، وہ نیکیوں کی طرف بڑھنے والا اور گناہوں سے پرہیز کرنے والا بن جائے، اس کے دل میں خوف خدا اور فکر آخرت کی وہ شمع روشن ہو جو اسے رات کی تاریکی اور تنہائی سے تنہائی میں بھی غلط کاموں سے محفوظ رکھے۔

ماہ رمضان المبارک بڑی فضیلت وبرکت کا حامل ہے، نوافل کا ثواب فرائض کے برابر، اور فرائض کا ثواب ستر گناہ زیادہ کر کے ملتا ہے۔ حضرت ابوہریرہ رضی اللہ عنہ کی روایت ہے کہ رسول للہ صلی اللہ علیہ وسلم نے فرمایا کہ:

ابن آدم کا ہر عمل کئی گنا بڑھا دیا جاتا ہے اور نیکی دس گناہ سے لے کر سات سو تک بڑھادی جاتی ہے، للہ تعالیٰ فرماتے ہیں کہ سوائے روزہ کے اس لئے کہ بیشک وہ خاص میرے لئے ہے اور میں ہی اس کا بدلہ دوں گا۔ میری خاطر اپنا کھانا اور خواہش نفس چھوڑ دیتا ہے، روزہ دار کیلئے دو خوشیاں ہیں، ایک افطار کے وقت اور ایک اپنے رب سے ملاقات کے وقت اور بے شک روزہ دار کے منہ کی بو للہ تعالیٰ کے نزدیک مشک سے زیادہ اچھی

ہے، اور پاکیزہ ہے۔

(بخاری و مسلم)

ماہ رمضان المبارک میں حضور پاک صلی للہ علیہ وسلم کثرت سے صدقہ و خیرات کیا کرتے تھے، لہذا ہمیں بھی صدقہ و خیرات، دوسروں کی ہمدردی اور ایک دوسرے کی معاونت کا خصوصی اہتمام کرنا چاہئے۔ حضرت ابن عباس رضی اللہ عنہ کی روایت ہے کہ:

رسول صلی اللہ علیہ وسلم سب سے زیادہ سخی تھے لیکن رمضان المبارک میں جب حضرت جبرئیل علیہ السلام آپ صلی اللہ علیہ وسلم سے ملنے آتے تو اس زمانہ میں سخاوت کا معمول اور بڑھ جاتا۔ حضرت جبرئیل علیہ السلام رمضان کی ہر رات میں آپ صلی للہ علیہ وسلم کے پاس آتے اور قرآن مجید کا دور کرتے، اس وقت جب حضرت جبرئیل علیہ السلام آپ سے ملتے، آپ صلی اللہ علیہ وسلم سخاوت، دادو دہش اور نیکی کے کاموں میں تیز ہواؤں سے بھی تیز نظر آتے۔

ماہ رمضان المبارک میں خاص طور سے تمام لا یعنی اور ناجائز امور سے اپنے کو بچانا ضروری ہے، جھوٹ، غیبت، دلآزاری، بد نگاہی، باہمی جھگڑا، اور آنکھ، زبان، کان اور جسم کے تمام اعضا کو گناہوں سے محفوظ رکھنا ضروری ہے۔ اور اگر اس کا اہتمام نہیں کیا گیا اور تمام ناجائز اور حرام کام بدستور ہوتے رہے تو روزہ کے فوائد و برکات حاصل نہ ہوں گے اور بھوک وپیاس کے سوا کچھ ہاتھ نہ آئے گا۔

اور اگر ماہ رمضان المبارک کو ٹھیک طور سے گناہوں سے پرہیز اور اس کے آداب کی رعایت کیساتھ گذارا جائے تو حضور پاک صلی للہ علیہ وسلم نے یہ خوش خبری عطا فرمائی ہے کہ:

جس شخص کا رمضان سلامتی سے گذر جائے اس کا پورا سال سلامتی کے ساتھ

گذرے گا۔

حضرت مجدد الف ثانی رحمۃ اللہ علیہ اپنے مکتوب میں تحریر فرماتے ہیں اگر اس مہینہ میں کسی آدمی کو اعمال صالحہ کی توفیق مل جائے تو پورے سال یہ توفیق اس کے شامل حال رہے گی اور اگر یہ مہینہ بے دلی، فکر و تردد اور انتشار کے ساتھ گذرے تو سارا سال اسی حال میں گذرنے کا اندیشہ ہے۔

(مکتوب امام ربانی۔ ۱/۸)

ماہ رمضان المبارک ہمیں پورے سال کی سلامتی اور دلی چین و سکون سے ہمکنار کرنے کیلئے آیا ہے، لہذا ہمیں دل سے اس کا استقبال اور اعزاز و اکرام کرنا چاہئے، اللہ تعالیٰ ہمیں اس کی توفیق عطا فرمائے آمین۔

***

یا شہر الصیام - اہلاً و سہلاً

مولانا مفتی خلیل احمد

رمضان المبارک کی فضیلت کے بارے میں حدیث شریف میں ہے کہ آغاز رمضان کے ساتھ ہی جنت کے دروازے کھول دئے جاتے ہیں۔ دوزخ کے دروازے بند کر دیے جاتے ہیں اور شیاطین کو قید کر دیا جاتا ہے۔ یہ سب رحمت کی علامتیں ہیں۔ رمضان المبارک میں روزہ جیسی عبادت کو فرض کیا گیا ہے۔ روزہ کے متعلق اللہ تعالیٰ کا ارشاد ہے۔

یا ایھا الذین آمنو کتب علیکم الصیام کما کتب علی الذین من قبلکم لعلکم تتقون۔
(البقرہ)

اس آیت کریمہ میں یہی ارشاد ہے کہ اے ایمان والو تم پر روزے فرض کیے گئے جیسا کہ تم سے پہلے والوں پر فرض کئے گئے تا کہ تم متقی بن جاؤ۔ اس میں تین چیزوں کا ذکر کیا گیا۔ ایک روزوں کی فرضیت کا، دوسرے امم سابقہ میں بھی روزے فرض ہونے کا، تیسرے روزوں کی فرضیت کی حکمت کہ یہ تم میں تقویٰ پیدا کرنے کے لئے ہیں۔

سابقہ امتوں پر فرضیت کا ذکر کئے جانے کی مصلحت یہ ہے کہ مسلمانو! اس عبادت کو مشقت یا مصیبت نہ سمجھو یہ کوئی نا قابل عمل نہیں بلکہ قابل عمل عبادت ہے۔ تم سے پہلے والے اس پر عمل کر چکے۔ تم کو بھی اس پر عمل کرنے میں کوئی دشواری نہیں ہونی

چاہیے۔

تیسری بات جو ذکر کی گئی کہ اس سے تقویٰ حاصل ہوتا ہے۔ اس کی وجہ یہ ہے کہ نفس امارہ خواہشات نفس کھانے پینے وغیرہ سے قوت پاتا ہے اور انسان کو گمراہی کی طرف لے جاتا ہے۔ اگر انسان غذا بند کردے تو اس کی قوت ختم ہو جاتی ہے اور وہ کمزور ہو جاتا ہے۔ اس طرح تراویح اور تہجد وغیرہ کی دیگر ریاضتیں اور محنتیں بھی اس کو کمزور کر دیتی ہیں۔ یہاں تک کہ وہ پاک ہو جاتا ہے۔ اور نفس مطمئنہ میں شامل ہو جاتا ہے۔ خواہشات نفس کو ختم کرنے کا بہترین ذریعہ روزہ ہے۔

اس لئے حدیث شریف میں آتا ہے کہ ایسا شخص جو نکاح پر قدرت نہیں رکھتا اس کو چاہیے کہ روزے رکھے۔ کیونکہ روزہ کی وجہ سے اس کے گناہ میں مبتلا ہونے کے اندیشے ختم ہو جاتے ہیں۔ اور روزہ اس کے لئے حفاظت کا ذریعہ بن جاتا ہے۔ حضور پاک ﷺ نے اپنی امت کے لئے فرض روزوں کے علاوہ مسنون اور نفل روزے بھی ارشاد فرمائے ہیں۔ اس کی حکمت بھی یہی بتلائی گئی کہ امت، تقویٰ کا راستہ اختیار کرے اور اپنے آپ کو گناہوں سے بچائے۔ اللہ تعالیٰ نے بدنی اور مالی دو طرح کی عبادتوں کو اپنے بندوں پر واجب فرمایا ہے۔ نماز و روزہ بدن سے تعلق رکھنے والی عبادات ہیں، زکوۃ مالی عبادت ہے۔ حج کا تعلق بدن اور مال دونوں سے ہے۔ بدنی عبادات میں امیر و غریب سب شریک ہیں کیونکہ یہ عبادتیں بدن کی صحت و قوت پر موقوف ہیں۔ بدن کی قوت و صحت کسی کے ساتھ خاص نہیں۔ امیر و غریب سب اس میں مشترک ہیں۔ اس لئے یہ عبادتیں یعنی نماز و روزہ ہر ایک پر فرض ہیں۔

بدن کے دو حصہ ہیں۔ ایک ظاہری حصہ دوسرا باطنی حصہ۔ نماز کا تعلق ظاہری جسم سے ہے۔ یعنی نماز کی ادائی کا طریقہ قرات، قیام، رکوع، سجدہ قعدہ وغیرہ ظاہری جسم سے

ادا کئے جاتے ہیں۔ اگرچیکہ اللہ کے ساتھ قلبی تعلق لازم ہے۔ چونکہ ظاہری اعضاء سے ارکان نماز ادا کئے جاتے ہیں۔ اس لئے اس کو ظاہری جسم سے منسوب کیا جاتا ہے۔

روزہ کا تعلق باطنی جسم سے ہے۔ اس میں نہ قیام ہے نہ قرات، اور نہ رکوع و سجدہ وغیرہ، نیت کے ساتھ کھانے پینے اور جماع سے صبح صادق سے غروب آفتاب تک رکے رہنا روزہ کہلاتا ہے۔ روزہ کے فضائل اور فوائد بے شمار ہیں۔

روزے کے فضیلت کے لئے نبی کریم ﷺ کا یہ ارشاد کافی ہے کہ جنت کے دروازوں میں سے ایک دروازہ کا نام "ریان" ہے اور اس دروازے سے صرف روزہ دار ہی داخل ہوں گے۔، اس ارشاد پاک کا مطلب یہ بیان کیا گیا کہ دیگر دروازوں سے داخل ہونے والے جنتیوں کی شناخت اس اعتبار سے نہ ہوگی کہ وہ کس بناء پر جنت میں جا رہے ہیں لیکن ریان سے داخل ہونے والوں کی شناخت سارے لوگوں میں اس اعتبار سے ہوگی کہ یہ لوگ روزہ کی وجہ سے جنت کے مستحق بنے اور اسی کی وجہ سے جنت میں داخل ہو رہے ہیں۔

ایک اور حدیث شریف میں آتا ہے:

الصوم لی انا اجزی بہ

یعنی روزہ میرے لئے ہے اور میں ہی اس کا بدلہ دوں گا۔

ماہ رمضان کا اصل استقبال عبادت و ریاضت اور تقویٰ و پرہیز گاری کے ذریعہ کیا جانا چاہئے یہی مطلوب بھی ہے۔ استقبال رمضان کا مطلب یہ ہے کہ ہم اپنے آپ کو عبادات کے لئے تیار کریں۔ مستعد ہو جائیں، عبادات میں ابھی سے کثرت کریں، اپنے آپ کو گناہوں سے بچاتے رہیں، خیر کی طرف ہمیشہ مائل رہیں، غریبوں، یتیموں، لاچاروں اور مجبوروں کی امداد کے لئے آگے بڑھیں، اللہ کی راہ میں خرچ کرنے میں حتی

المقدور کوشش کریں، پورے مہینہ روزے رکھیں۔ اور تراویح کا اہتمام کریں۔ یہ نہیں کہ دس دن میں قرآن سن لیں اور اس کے بعد اپ نے آپ کو تراویح سے آزاد سمجھ لیں، یہ ہرگز جائز نہیں۔ تراویح ماہ رمضان کی ہر رات میں سنت موکدہ ہے اس کا چھوڑنا گناہ ہے۔

اسی طرح ذکر و تلاوت اور استغفار کی کثرت کیا کریں، اللہ سبحانہ و تعالیٰ اس قوم پر بھی عذاب نازل نہیں فرماتا جو قوم اپنے گناہوں پر توبہ کرتی ہے اور نادم ہوتی ہے۔

استقبال رمضان میں ہم کو چاہئے کہ سنتوں کو پیش نظر رکھیں اور ان کے مطابق عمل کریں۔

***

رمضان - عبادات کی یکسوئی کا مہینہ

مفتی محمد مجیب الرحمن دیودرگی

اہل اسلام پر رب ذوالجلال کی جانب سے ہونے والی بے شمار نعمتوں میں ایک اہم نعمت ماہ رمضان کی عطا ہے، سال میں ایک دفعہ ایسا موقع بھی عنایت فرمادیتے ہیں جس میں بندہ اپنے سیاہ اعمال کو سفیدی سے بدل سکتا ہے، اپنے گناہوں کے انبار کو نیکیوں کے ڈھیر سے تبدیل کر سکتا ہے، سال بھر ہونے والی عملی کوتاہیوں کا ازالہ ایک ماہ بھر عبادت و انابت سے کر سکتا ہے، جب یہ اتنی بڑی نعمت ہے اور رب کریم نے ہمیں اس سے سرفراز بھی فرمایا ہے، اور زرین موقع بھی عنایت فرمادیا تو اس کا ضیاع بھی جرم عظیم ہے، بلکہ آپ صلی اللہ علیہ وسلم سے اس سلسلے میں سخت وعید وارد ہوئی کہ جو ماہ رمضان پائے اور اپنی مغفرت نہ کروائے اس کیلئے ہلاکت کی بد دعا کی گئی ہے۔ لہذا جو بھی موقع ملے اسے غنیمت جانتے ہوئے اس کی قدر کر لینی چاہئے، اور اپنے آپ کو اعمال میں لگانے سے نہ اکتانا چاہئے۔ یہ رمضان کا مہینہ عبادت میں جی جان لگانے کیلے ہے، بلکہ آپ صلی اللہ علیہ وسلم کا معمول رمضان المبارک کی آمد کے ساتھ ہی جو نقل کیا گیا ہے وہ حیرت انگیز ہے، جب رمضان کا مہینہ داخل ہوتا تو آپ صلی اللہ علیہ وسلم تہبند سختی سے باندھ لیتے۔

علامہ مناوی رحمۃ اللہ علیہ فرماتے ہیں کہ اس سے مراد یہ ہے کہ عبادت میں بہت ہی زیادہ کوشش کرتے۔

(فیض القدیر ۵/ ۱۶۸)

حضرت عائشہ رضی اللہ عنہا فرماتی ہیں جب رمضان کا مہینہ آتا تو آپ صلی اللہ علیہ وسلم کے چہرے مبارک کا رنگ بدل جاتا اور آپ صلی اللہ علیہ وسلم کی نمازوں میں اضافہ ہوتا اور دعاؤں میں بہت ہی زیادہ گریہ وزاری فرماتے۔

(الدر المنثور)

رنگ بدل جانے کی توجیہ کرتے ہوئے محدثین نے لکھا ہے کہ آپ صلی اللہ علیہ وسلم اس بات کا خوف کرتے تھے کہ بندگی کا جو حق ہے وہ حق ادا نہ ہو سکے گا اس خوف سے رنگ میں تبدیلی ہو جاتی۔ اور اس میں امت کیلئے تعلیم بھی ہے کہ وہ بھی اس مہینہ کی عظمت و قدر کو پہچانے۔ جب کسی کی قدر کو پہچانا جائے گا تو اس کا خوف بھی بڑھ جائے گا۔

(منتہی السوٴل علی وسائل الوصول الی الشمائل ۳/ ۱۸۰)

حضرت عمر رضی اللہ عنہ سے مروی ہے کہ وہ رمضان کی آمد کے ساتھ کہتے:

"مرحبا بمطھرنا" (اے ہم کو پاک کرنے والے تیرا آنا مبارک ہو)

رمضان مکمل خیر ہی ہے، دن کا روزہ رات کا قیام اس مہینہ میں خرچ کرنا تو گویا للہ کے راستے میں خرچ کرنا ہے۔

(تنبیہ الغافلین ۱/ ۳۲۱)

حضرت حنینی رحمۃ اللہ علیہ کے سلسلہ میں منقول ہے کہ جب رمضان آتا تو وہ حدیث کے سننے کو چھوڑ دیتے، ان سے امام مالک رحمۃ اللہ علیہ نے پوچھا تم نے سماع حدیث کو کیوں چھوڑ دیا؟ اگر اس میں کوئی ناپسندیدہ بات ہوتی تو وہ رمضان کے علاوہ میں بھی ہوتی۔ حضرت حنینی رحمۃ اللہ علیہ نے جواب دیا:

میں چاہتا ہوں کہ اس مہینہ کو عبادت کیلئے فارغ کرلوں۔

(مؤطامالک ۱/۱۹۲)

ابو العباس احمد بن سالم بن عمر بن عبد للہ بن جہران بڑے عبادت گذار بندے تھے، بہت زیادہ تلاوت کا اہتمام کرتے، خلوت نشین رہتے، جب رمضان کا مہینہ آتا تو لوگوں سے بالکلیہ علیحدہ ہو جاتے، کسی بھی دنیاوی چیز کے سلسلہ میں گفتگو نہ فرماتے، ان کے زمانے میں ان جیسا کوئی نہ تھا۔ (العقود اللولویۃ فی تاریخ الدولۃ الرسولیۃ ۲/۶۴)

رمضان المبارک میں عبادات کے اجر میں اضافہ کیا جاتا ہے اسی لئے آپ صلی اللہ علیہ وسلم نے فرمایا:

عمرۃ فی رمضان تعدل حجۃ

یعنی کہ رمضان میں کئے جانے والے عمرہ کا ثواب حج کے برابر مل جاتا ہے۔

اسی ثواب کو مد نظر رکھتے ہوئے ابو نصر البذنیمی جو کہ نابینا تھے اس کے باوجود رمضان المبارک میں عمرے کرتے تھے، کوئی ان کا ہاتھ پکڑ کر لے جاتا تھا۔

(طبقات الشافعیہ ۴/۱۰۹)

ان کی عبادت انتہائی قابل رشک ہے، نابینا ہیں، معذور ہیں، اس کے باوجود بہانہ بنا کر گھر میں بیٹھے رہنا پسند نہیں کر رہے ہیں بلکہ عبادت کیلئے یکسوئی کو ترجیح دے رہے ہیں، وہ بھی ایسی عبادت کو ترجیح دے رہے ہیں جس میں تعب ہے، مشقت ہے، تکلیف ہے، جس کا نابینا فرد کیلئے تنہا ادا کرنا بھی آسان نہیں، ان کے اس عمل سے ہم صحتمندوں کو سبق سیکھنے کی ضرورت ہے کہ تھوڑی سی عبادت کیلئے بھی ہماری طبیعتیں آمادہ نہیں۔

سید علاوی بن محمد کے سلسلہ میں لکھا آتا ہے کہ وہ بہت ہی بڑے عابد تھے، جب رمضان کا چاند دکھائی دیتا تو وہ عبادت کیلئے یکسو ہو جاتے، جمعہ کی نماز تراویح اور دیگر جماعت کی نماز ہی کیلئے گھر سے نکلا کرتے۔ (خلاصۃ الاثر فی اعیان القرن الحادی عشر ۲/۱۹۱)

الغرض رمضان کی آمد ہم سے اس بات کا تقاضا کر رہی ہے کہ ہم دیگر مصروفیات کو کم کریں، رمضان کو عبادت کیلیئے خاص کر لیں۔ آپ صلی اللہ علیہ وسلم کا طرز عمل اور بزرگان دین کا عمل اس بات کا شدت سے ہم سے مطالبہ کر رہا ہے کہ ہم خارجی مصروفیات سے بالکلیہ احتراز کریں، زیادہ سے زیادہ وقت مسجد میں، عبادت میں، تلاوت میں، ذکر میں اور دینی امور میں لگائیں، بلکہ بعضے اکابر تو کئی ایک دینی امور ترک کر کے صرف اور صرف عبادت اور تلاوت ہی کیلیئے رمضان المبارک کو خاص کر لیتے تھے۔

کئی اکابر کا سابق میں تذکرہ کیا گیا کہ وہ رمضان میں بیکار باتیں یا لغویات میں مصروف رہنا تو کجا بلکہ وہ ضروری بات کرنے کو تک ناپسند کرتے تھے، اور کوئی سخت ضرورت ہوتی تو لکھ کر بات کرتے۔

اس طرح کے واقعات کا اگرچہ اس زمانہ میں اتباع دشوار ہے پھر بھی یہ واقعات ہمیں عمل پر ابھارنے کا ذریعہ بنتے ہیں ان واقعات کو پڑھ کر بندوں کو عبادت کی ترغیب ہوتی ہے، اسی لئے ان واقعات کا تذکرہ کیا جاتا ہے۔ اکابر اسلاف کے اس طرز عمل کو پڑھ کر ہمارے اندرون میں عمل کی چنگاری بھڑکنی چاہیئے، عمل کی حرص و ہوس پیدا ہونی چاہئے تاکہ رمضان المبارک کے جو فضائل احادیث میں ذکر کئے گئے ہیں ان کے کچھ تو مستحق ہم بھی ٹھہریں۔

للہ تعالیٰ اس رمضان کو ہمارے لئے عبادتوں والا، اطاعتوں والا رمضان بنادے، آمین!

***

ماہ رمضان کا خصوصی تحفہ - ترقیٔ باطن اور تزکیہ نفس

مولانا محمد مجیب الدین قاسمی

رمضان کا مبارک مہینہ پھر ایک مرتبہ ہمارے درمیان اپنی تمام تر رحمتوں اور برکتوں کے ساتھ سایہ فگن ہے۔ یہ ایسا بابرکت مہینہ اور ایسی عظیم نعمت ہے جس کے پانے کیلئے خود آنحضرت ﷺ نے دعائیں اور تمنائیں کی ہیں۔ ہمارے بڑوں نے بھی اس ماہ کی سعادتوں سے پوری توجہ کے ساتھ اپنے دامن کو بھرلینے کی سعی کی ہے۔ اسی لئے قرآن وحدیث میں اس ماہ کی قدر کرنے کی ترغیب اور اس کی ناقدری کر کے محروم رہ جانے والوں کیلئے وعید ناکامی اور نامرادی کا اعلان کیا گیاہے۔ اس لئے ضروری ہے کہ ہم خصوصاً اس ماہ مبارک کے ہر چھوٹے بڑے آداب کی بھرپور رعایت رکھیں اور چند خاص امور پر اپنی توجہ مرکوز کریں۔

(۱) اس مہینہ کا عظیم اور بابرکت ہونا۔

(۲) اس میں ایسی رات کا پایا جانا جو شب قدر کہلاتی ہے جو ایک ہزار مہینوں سے افضل ہے۔

(۳) اس ماہ مبارک میں روزوں کا فرض کیا جانا۔

(۴) اس کی راتوں میں ایک زائد خصوصی نماز یعنی تراویح کا عطا کیا جانا۔

(۵) نفل کاموں کے اجر کو فرض کے اجر تک اور فرض کے اجر وثواب کو ستر

فرضوں کے اجر تک بڑھایا جانا۔

(۶) اس ماہ میں ایسے اعمال دیئے جانا جن میں صبر کی ضرورت ہوتی ہے اور اس صبر کے ذریعہ جنت کا موعود ہونا۔

(۷) اس مہینہ میں ایک دوسرے خصوصاً غرباء و فقراء کی ہمدردی اور غمخواری کے جذبہ کو عام کیا جانا۔

(۸) مسلمانوں کی روزی کا بڑھایا جانا۔

(۹) دوسرے روزہ داروں کو افطار کرانے پر ان کے ثواب میں کمی کئے بغیر افطار کرانے والے کو بھی اتنا ثواب عطا کیا جانا۔

(۱۰) اس ماہ کے ابتدائی، درمیانی اور آخری عشروں کو علی الترتیب، باعث رحمت، باعث مغفرت اور جہنم کا وسیلہ قرار دیا جانا۔

(۱۱) اپنے خادموں اور ماتحتوں کے کاموں اور ذمہ داریوں میں تخفیف اور کمی کرنے پر مغفرت کا وعدہ فرمانا وغیرہ۔

ہمارے لئے بھی ضروری ہے کہ اس ماہ کا صحیح استقبال کریں اور اس کی سعادتوں برکتوں اور رحمتوں سے بہریاب ہونے کیلئے چند باتوں کا خاص اہتمام اور التزام کریں۔

اول:

ہر مسلمان اپنے کو غلام سمجھ کر ایک ضرورت مند اور محتاج غلام کی طرح اس جشن شاہی کی آمد پر خوشی کا اظہار کرے، اس ماہ کے فضائل اور اعمال سے متعلق خوب سنے اور کتابوں کے ذریعہ پوری معلومات حاصل کریں تاکہ اس مبارک ماہ کی قدر کی جاسکے۔

دوم:

رمضان کے اعمال روزہ، تراویح، تلاوت اور ذکر و اذکار کیلئے وقت کو فارغ کریں اور

اس ماہ کا ایک لمحہ بھی ضائع نہ کریں۔

سوم:

یوں تو ساری زندگی رزق حلال کی تگ ودو میں مصروف رہیں خاص کر بہت اہتمام و احتیاط کے ساتھ حلال روزی کا اہتمام کریں۔

چہارم:۔

رمضان المبارک کیلئے اپنی سہولت کی خاطر ہر کام کا ایک نظام الاوقات طئے کریں، مثلاً تلاوت کیلئے ایک خاص مقدار متعین کرلیں کہ مجھے روزانہ اتنی تلاوت ضرور کرنی ہے، اتنی مقدار کلمہ طیبہ کی ضرور پڑھنی ہے، درود شریف پڑھنا ہے، اتنا استغفار روزانہ کرنا ہے، اتنا وقت دعاء کیلئے خاص کرنا ہے، یہ مہینہ اللہ کے یہاں قبولیت کا ہے، جب ہمارے سارے کام بننے کا فیصلہ اللہ کے ہاتھ ہے تو پھر منظوری کے جشن کا یہ زمانہ ہاتھ سے جانے دینا بڑی محرومی کی بات ہے۔ اس موقع پر خصوصی کے ساتھ دعاؤں کا اہتمام کرنا چاہئے۔

پنجم:

اس بات کا ارادہ کریں کہ اس مبارک مہینہ میں مجھے اپنی زندگی میں کچھ تبدیلی لانا ہے، کچھ خاص برائیاں اور منکرات جو زندگی میں داخل ہوچکی ہیں ان کو چھوڑنے کی اور کچھ اچھائیاں جو عمل سے چھوٹ رہی ہیں ان کی پابندی کرنے کی کوشش کرنی چاہئے۔ بالخصوص اس امر کی کوشش ضرور کریں کہ جن لوگوں کے حقوق معاف کرواسکتے ہیں تو ان کے حقوق معاف کروالیں اور جن کے حقوق ادا کرنے ضروری ہیں ماہ مبارک سے ان کی شروعات کریں۔ اگر صاحب نصاب ہیں تو باقاعدہ حساب لگا کر زکواۃ ادا کریں اگر صاحب نصاب نہیں ہیں تو بھی راہ خدا میں جو کچھ خرچ کرنا ممکن ہو خرچ کرنے کی نیت

کریں، اگر بالفرض کسی کی مالی خدمت سے معذور ہیں تو کچھ جانی خدمت کا ہی ارادہ کر لیں۔ اگر ممکن ہو تو عشرہ آخر میں اعتکاف کو بڑی نعمت سمجھیں اور موقع کو غنیمت جان کر کم از کم آخری عشرہ میں اعتکاف کا اہتمام کریں۔

اے مسلمانو! رمضان تو در حقیقت ایک تربیتی کورس ہے جو ہمارے لئے سال بھر شرعی تقاضوں کے مطابق زندگی گذارنے کی راہ ہموار کرتا ہے۔ رمضان تو ہماری دینی اور اسلامی تربیت کرنے کیلئے آتا ہے تاکہ ہم اس کی آمد سے اپنے اسلامی مزاج کو تازہ کرتے ہیں اور اس تازگی کا احساس سال کے بقیہ ایام میں بھی محسوس کریں۔ اگر ہم نے رمضان المبارک کو ان تمام چیزوں کی تربیت حاصل کرنے اور اس کو سال بھر اپنی زندگی میں اتارنے کی مشق کرنے کیلئے گزار تو گویا ہم نے رمضان کا حق ادا کیا۔ اس کی مقدس ساعتیں ہمارے ہوئے پیغام بیداری کا ذریعہ ہوں گی۔ اس موسم بہار کا خصوصی تحفہ "ترقی باطن اور تزکیہ نفس" ہمیں حاصل ہوسکے گا اور ہم عند اللہ حقیقی روزہ دار اور رمضان کے قدر دان شمار ہوں گے۔ ورنہ حیف اور افسوس اور بھوکے پیاسے رہنے کے علاوہ کچھ ہاتھ نہ آئے گا۔

کاش ہم اس مبارک مہینہ کا یہ پیغام خود بھی سمجھیں اور امت مسلمہ کے افراد کو بھی سمجھا سکیں، اللہ ہم سب کو رمضان کی سچی قدر دانی نصیب کرے اور ناقدری سے بچائے۔ آمین۔

***

ماہ رمضان المبارک وشوشانتی

عظیم اللہ صدیقی

رمضان المبارک وشوشانتی، برائیوں سے بچنے اور غریبوں کی مدد کا مہینہ

رمضان اسلامی کیلنڈر کا، نواں مہینہ ہے، یہ مہینہ اللہ تعالی کی طرف سے بہت ہی برکت اور رحمت والا مہینہ ہے۔ نبی اسلام محمد (صلی اللہ علیہ وسلم) کا ارشاد ہے کہ اگر لوگوں کو معلوم ہو جائے کہ رمضان کیا چیز ہے، تو میری امت یہ تمنا کرے گی کہ پورا سال، رمضان ہی ہو جائے۔ یہ بہت اہم بات ہے کہ امن وشانتی کا پیغام لانے والا پاک قران بھی اسی مہینے میں نازل ہوا ہے، خود قران کے اندر کہا گیا ہے کہ رمضان وہ مہینہ ہے جس میں قران نازل کیا گیا، جو سیدھی راہ دیکھانے والی، برائی اور اچھائی کا فرق بتانے والی اور انصاف کرنے والی کتاب ہے۔ اللہ تعالی نے اس مہینے میں قران نازل کر کے یہ پیغام بھی دیا کہ روزہ رکھ کر بندے کو کٹھن سے کٹھن حالات میں اس کتاب کا پالن کرنا چاہیے۔

اس مہینے میں قران مقدس کے مطابق اللہ تعالی نے اپنے بندوں پر تیس روزے فرض کیے ہیں۔ روزہ کے لیے عربی زبان میں "صوم" کا لفظ آیا ہے، جس کا مطلب ہے صبح صادق سے سورج غروب ہونے تک روزہ کی نیت سے کھانے، پینے اور جنسی تعلقات سے رکنا۔ دنیا بھر میں مسلمان، اللہ کے حکم کے مطابق کھانے، پینے اور جماع کرنے سے

باز رہتے ہیں اور پھر شام کو کھاپی کر دوبارہ اللہ کو یاد کرنے کے لیے مسجد کارخ کرتے ہیں جہاں تراویح کی نماز پڑھی جاتی ہے۔ لیکن اللہ کا مقصد اپنے بندے کو بھوکا پیاسا رکھنا نہیں ہے اور نہ ہی محض بھوکا پیاسا رہنے سے کوئی پیغام و مقصد پورا ہو سکتا ہے۔ حدیث میں ہے کہ نبی کریم صلی اللہ علیہ وسلم نے ارشاد فرمایا کہ بہت سے روزے دار ایسے ہیں جنھیں اپنے روزہ سے بھوک، پیاس کے علاوہ اور کچھ حاصل نہیں اور بہت سے تہجد گزار ایسے ہیں جن کی رات کی نمازوں سے سوائے جاگنے کے اور کچھ حاصل نہیں ہوتا۔ اس لیے وہ شخص بڑا ہی نادان ہے کہ جو دن بھر جائز چیزوں کو چھوڑ دے اور حرام اور غلط چیزوں کو کر رہا ہو، جب وہ حرام سے بچنا ہی نہیں چاہتا ہے تو حلال سے بچ کر خدا کو خوش نہیں کر سکتا۔

اب سوال یہ ہے کہ آخر روزے کا حقیقی مقصد کیا ہے اور ایک مسلمان پر اس کیا اثر ہونا چاہیے اور سماج اور ملک کے لیے اس کا کیا فائدہ ہے، پوتر قرآن نے روزہ کا مقصد بتاتے ہوئے کہا ہے کہ

" اے ایمان والو! پر تم روزہ فرض کیا گیا ہے جس طرح تم سے پہلے انبیا کے ماننے والوں پر روزہ فرض کیا گیا تھا تا کہ تم تقوی حاصل کرو۔"

یعنی روزہ کا مقصد تقوی حاصل کرنا ہے۔ تقوی کیا ہے؟ تقوی دراصل اس احساس کا نام ہے جس میں نیکی اور اچھے کام کی طرف شدید رغبت ہوتی ہے اور برائی سے نفرت ہو جاتی ہے۔ جب اس مقام کو بندہ حاصل کر لیتا ہے تو اسے متقی کہا جاتا ہے۔ اگر آج کے سماج کا جائزہ لیا جائے تو یہ بات بالکل ظاہر ہے کہ ایک طبقہ ملک میں عیش و عشرت کی زندگی گزار رہا ہے تو دوسرا طبقہ بھکمری اور دانے دانے تو ترس رہا ہے۔ اسلام نے بندوں پر روزہ فرض کر کے یہ پیغام دیا ہے کہ وہ بھوک اور پیاس سے تڑپنے والوں کے درد کا بھی

احساس کرو، تقوی، غم خواری اور رمضان میں ہی زکوۃ اور رمضان کے اخیر میں فطرہ کے طور پر غریب لوگوں میں مال کی تقسیم اسی پیغام کو یاد دلاتے ہیں اس کی دلیل رمضان سے قبل محمد صاحب نے اپنے ساتھیوں کے سامنے رمضان کا جو نقشہ پیش کیا تھا، اس میں غم خواری کا خاص طور سے ذکر ہے، اس حدیث میں ہے کہ:

"اے لوگو! ایک عظیم مہینہ، ایک مبارک مہینہ تم پر سایہ فگن ہے۔ یہ صبر کا مہینہ ہے اور صبر کا ثواب جنت ہے، یہ ہمدردی کرنے کا مہینہ ہے اور ایسا مہینہ ہے جس میں مومن کے رزق میں اضافہ کر دیا جاتا ہے۔"

یہ وہ مہینہ ہے جس کے پہلے دس دن رحمت کے ہیں، دوسرا عشرہ مغفرت اور آخری دس دن جہنم سے آزادی کے ہیں۔ جس شخص نے ایک غلام یا خادم کی ذمہ داریاں اس مہینے میں کم کر دیں، اللہ تعالی اس کی بخشش فرمادے گا اور اسے آتش دوزخ سے نجات دلائے گا۔

محمد رسول اللہ صلی اللہ علیہ وسلم نے اس مہینے کی چار اہم صفات کا ذکر کیا ہے

(۱) عظمتوں والا مہینہ

(۲) برکتوں والا مہینہ

(۳) صبر کا مہینہ

(۴) غم خواری کا مہینہ

یعنی ایسا مہینہ جس میں ہم جب دوسروں کے غم میں شریک ہوں، بھائی چارہ او رامن کو فروغ دیں۔ صبر کے بعد غم خواری کا ذکر ظاہر کرتا ہے کہ کھانے پینے سے صبر کے نتیجے میں جو غریبوں کی پریشانی کا احساس ہوتا ہے، اس کا ردعمل یہ ہونا چاہیے کہ روزہ دار کے اندر، مدد کا جذبہ بڑھ جائے۔ اس لیے آج کے معاشی دور میں روزہ کی بڑی اہمیت

ہے اوراس کا مقصد اسی وقت پورا ہو گا جب کہ دولت مند حضرات بھی روزہ رکھیں او راپنے گھروں سے نکل کر روڈ پر آئیں اور غریبوں کے غم میں اور ان کی دشواریوں میں ہر طرح سے شریک ہوں۔

کچھ دولت مند طبقوں اور مسلمان کا نام ہونے کے باوجود دین وشریعت سے دور افراد میں یہ مشہور ہے کہ روزہ تو غریب لوگوں کے لیے ہے، یہ سراسر غلط ہے، روزہ کا تعلق اصلاح سے ہے اور اس میں مالدار اور غریب میں فرق نہیں ہے، ساتھ ہی یہ بھی کہا جاتا ہے کہ روزے سے کئی بیماریاں اور پریشانیاں پیدا ہوتی ہیں، اس سلسلے میں وکی اسلام نام کی ایک ویب سائٹ نے بہت ہی گمراہ کن مضمون شائع کیا ہے، جس میں ثابت کیا ہے کہ روزے کی وجہ سے مائیگرین، ڈی ہائیڈریشن وغیرہ کی بیماری ہونے کا خطرہ بڑھ جاتا ہے ،جب کہ حقیقت میں یہ بات میڈیکل سائنس کے عام اصول کے خلاف ہے، یہ بیماریاں اسی وقت ہوسکتی ہیں جب کہ غذائیت nutrition کی کمی ہو جائے یا روزہ پورے مہینہ میں دن ورات رکھا جائے جب کہ مسلمان صبح اور شام کافی غذا لیتے ہیں، جس سے ان میں نیوٹریشن میں کوئی کمی نہیں ہوتی ہے۔

میڈیکل سائنس کا ماننا ہے کہ ہائپر ٹینشن اور ہائی شوگر کے مریض کے لیے روزہ فائدہ مند ہے ، روزے کے سلسلے میں ۱۹۹۶ء میں مراقش Morroco میں ایک بین الاقوامی کانفرنس ہوئی تھی جس میں روزے کے میڈیکل فوائد اور نقصان medical merits and demerits of fastsing پر کافی بحث ومباحثہ ہوا تھا، اردن کے ڈاکٹر سولیمن، ایران کے ڈاکٹر عزیزی وغیرہ بھی شریک ہوئے تھے ، جس میں متفقہ طور پر یہ بات کہی گئی تھی کہ روزے کا blood glucose, blood pressure, lipid profile and weigh پر بہت ہی مثبت اثر ہوتا ہے اور اسلامی طریقہ روزے کا کوئی

بھی منفی اثر نہیں ہے۔

تاہم یہ بات بھی واضح کر دی جائے کہ بیماروں کے لیے روزہ نہیں ہے اگر کوئی شخص ان بیماریوں میں مبتلا ہونے کا خطرہ محسوس کرے تو بھی وہ دوسرے دنوں میں روزہ رکھ سکتا ہے، اسی طرح سے دودھ پلانے والی ماں کے لیے بھی روزہ لازم نہیں ہے۔

روزہ کا جہاں ایک مقصد غریبوں کا درد سمجھنا ہے وہیں تپسیا کے ذریعے اللہ کی قربت حاصل کرنا بھی اہم مقصد ہے، تپسیا کر کے خدا کی قربت اور اس سے شرف ہم کلامی کا تصور تقریبا سارے مذاہب میں موجود ہے، اسلام کے علاوہ عیسائیت، ہندوازم، جین ازم ،یہودیت تقریباسارے دھرم ومذاہب میں اس کا تصور بڑی گہرائی سے موجود ہے۔

تپسیا کر کے بہت سارے رشی منیوں نے ہندو دھرم کے مطابق بھگوان سے گیان حاصل کیا ہے۔ خود قران میں موجود ہے کہ جب اللہ تعالی نے اپنے ایک نبی موسی (علیہ السلام) کو کتاب ہدایت توریت دینے کا فیصلہ کیا، تو اللہ تعالی نے حکم دیا کہ انسانی آبادی سے کٹ کر کوہ طور پر چالیس دن روزہ رکھ کر قرب حاصل کرے، اسی طرح آخری رسول محمد صلی اللہ علیہ وسلم ہفتوں تک مکہ سے دور غار حرا میں روزہ رکھتے اور عبادت کرتے رہے یہاں تک کہ فرشتہ اللہ کا پیغام لے کر ان کے پاس آیا، اس لیے روزہ ایک قسم کا تپسیا بھی ہے جس کے بعد بندہ اللہ سے قریب ہو جاتا ہے۔

روزہ اور امن عالم:

حدیث میں ہے " جب تم میں کوئی شخص روزہ سے ہو تو فحش گفتگو (sexual conversation) نہ کرے اور لڑائی جھگڑا نہ کرے اور اگر کوئی شخص بدزبانی کرے یا جھگڑا کرے تو کہہ دیجئے کہ میں روزہ دار ہوں

(بخاری جلد ا، ص ۲۵۵)

اس حدیث سے معلوم ہوتا ہے کہ روزہ کے نتیجے میں جو چیز انسان کو حاصل ہوتی ہے وہ سکون اور امن عام ہے ، حدیث میں عربی میں رفث وصخب کا لفظ بدامنی اور جھگڑے کے لیے استعمال کیا گیا ہے۔ رفث شہوت ہے اور صخب کا معنی غضب ہے ، یہی وہ دو جذبات ہیں جو انسان کے تمام تر اخلاق کی بنیاد ہیں ، یہ جذبات جب بے قابو ہوتے ہیں تو معاشرہ فساد سے بھر جاتا ہے۔ ایسی صورت میں امن کی بقا کا واحد سبب یہ ہے کہ انسان اپنے ان جذبات کو دبا کر رکھے اور جنسی خواہشات کا لفظی اظہار سے بھی بچا جائے تا کہ معاشرہ جنسی بحران اور عصمت دری جیسے سنگین جرائم سے پاک ہو۔

اسی طرح اگر کوئی غلط باتیں کرتا پھرے تو روزہ حکم دیتا ہے کہ نفرت کا جواب نفرت سے دینے کے بجائے اسے نظر انداز کر دیا جائے اور خود کو جوابی کارروائی سے بچالے تا کہ دنیا میں بدامنی نہ پھیلے اور دنیا امن وشانتی کا گہوار بن جائے۔ یقیناً بدامنی کا جواب بدامنی اور خون خرابے کا جواب خون خرابے سے دینا غلط اور غیر انسانی ہے ، روزہ ہمیں اس کا ہی مشق کراتا ہے۔ ایک حدیث میں ہے کہ

"روزہ ڈھال ہے"

یعنی برائیوں اور گالی گلوچ اور بد چلنی کے لیے ایک ڈھال بن جاتا ہے۔

اس لیے ہمیں بہتر انسان بننے کے لیے روزہ رکھنا چاہیے اور اس کے پیغام کو ضرور اپنی زندگی میں شامل کرنا چاہیے۔

***

ماہ رمضان المبارک کی فضیلت

علامہ پیر محمد تبسم بشیر اویسی

سیدنا ابو ہریرہؓ سے مروی ہے کہ رسول اللہؐ نے فرمایا: جب ماہ رمضان آجاتا ہے تو آسمان کے دروازے کھول دیے جاتے ہیں اور جہنم کے دروازے بند کر دیے جاتے ہیں اور شیطانوں کو زنجیروں میں قید کر دیا جاتا ہے۔

تشریح:

اس حدیث میں حضورؐ نے ماہ رمضان کی فضیلت میں ارشاد فرمایا کہ اسی ماہ میں آسمان کے دروازے کھول دیے جاتے ہیں اور خصوصی رحمتیں آسمانوں کے دروازوں سے زمین پر اترتی ہیں اور اہل جنت کو بھی معلوم ہو جاتا ہے کہ اب دنیا میں ماہ رمضان آگیا ہے۔ لہٰذا وہ بھی آپ کی امت کے لئے دعائیں فرماتے ہیں، جس طرح دوسری حدیث میں ہے کہ رمضان شریف آتا ہے تو عرش کے نیچے جنت کے پتوں پر سے موٹی آنکھ والی حوروں پر ایک خوشگوار ہوا چلتی ہے تو حوریں عرض کرتی ہیں: اے پروردگار! اپنے بندوں میں سے ایسے بندوں کو ہمارا شوہر بنا جن کو دیکھ کر ہماری آنکھیں ٹھنڈی ہوں اور جب وہ ہمیں دیکھیں تو اُن کی آنکھیں بھی ٹھنڈی ہوں۔ (مشکوۃ شریف، بحوالہ بیہقی)

علامہ بدرالدین عینی نے عمدۃ القاری میں فرمایا کہ جہنم کے دروازے بند ہونے سے مراد یہ ہیکہ بندوں سے گناہ متروک ہو جاتے ہیں۔ جو جہنم میں جانے کے اسباب ہوتے

ہیں اور اس ماہ کی برکت سے گناہوں کی معافی ہو جاتی ہے اور بندے جہنم سے محفوظ ہو جاتے ہیں اور شیاین کے قید کرنے سے مراد بھی گناہوں میں کمی کا ہونا ہے۔ جیسا کہ ماہ رمضان میں محسوس ہوتا ہے۔ مساجد آباد ہوتی ہیں اور مجموعی طور پر گناہوں میں کمی آجاتی ہے۔ اس مہینے میں جو کوئی گناہ کرتا ہے وہ اپنے نفس امارہ کی شرارت سے کرتا ہے۔

ماہ رمضان:

اس مہینہ کا نام رمضان یا تو اسلئے ہے کہ یہ لفظ رمض سے بنا ہے جس کے معنی گرمی ہے یا گرم بھٹی ہے۔ جب لوگوں نے مہینوں کے نام رکھے تو یہ مہینہ گرمیوں میں واقع ہوا۔ اس لئے کہ اس میں گناہ جلتے ہیں۔ (فتح الباری) مولانا مفتی احمد یار خان نعیمی صاحب لکھتے ہیں: چونکہ بھٹی گندے لوہے کو صاف کرتی ہے اور صاف لوہے کو پرزہ بنا کر قیمتی کر دیتی ہے اور سونے کو محبوب کے پہننے کے لائق کر دیتی ہے۔ اسی ماہ رمضان گناہگاروں کے گناہ معاف کرواتا ہے اور نیکو کاروں کے درجے بڑھاتا ہے اور ابرار کا قرب الٰہی زیادہ کرتا ہے۔

حروف رمضان:

لفظ رمضان میں پانچ حرف ہیں۔ ر، م، ض، ا، ن۔ ان کا اشارہ رحمت، محبت، ضمان، امان، نور کی طرف ہے، ماہ مذکورہ پانچ انعامات لے کر آتا ہے، اس لئے اس کو رمضان کہا جاتا ہے۔ خیال رہے کہ رمضان المبارک یہ پانچ نعمتیں لاتا ہے، اور اس میں پانچ عبادتوں کا اضافہ ہوتا ہے۔ روزہ، تراویح، اعتکاف، شب قدر کی عبادات، کثرت تلاوت کلام مجید، اس ماہ میں کلام مجید اترا اور اسی ماہ کا نام کلام مجید میں میں مذکور ہوا۔ جس طرح بعض جگہیں ایسی مبارک ہوتی ہیں جس میں عمل خیر کا اجر و ثواب بڑھ جاتا ہے۔ جیسا کہ گھر میں نماز پڑھنے سے مسجد میں پڑھنے کا اجر ۲۷ نمازوں کے برابر مسجد نبوی میں پڑھنے کا

پچاس ہزار کے برابر اور مسجد حرام میں ایک کا ثواب ایک لاکھ کے برابر ہے۔ ایسے ہی بعض اوقات ایسے مبارک ہوتے ہیں جس میں اعمال خیر کا ثواب بڑھ جاتا ہے جیسا کہ کلام مجید میں ہے کہ لیلۃ القدر ہزار ماہ کی عبادت سے بہتر ہے، ایسے ہی ماہ رمضان وہ مبارک مہینہ ہے کہ جس کے متعلق حضور ﷺ نے فرمایا اس میں نفلی عبادت فرض کا درجہ رکھتی ہے اور ایک فرض کا ثواب ستر فرض کے برابر ہوتا ہے۔ (مشکوۃ شریف)

سبحان اللہ، کیا عظمت ہے ماہ کی پھر مسجد نبوی یا مسجد حرام میں کوئی خوش نصیب جائے گا تو اجر زیاد پائے گا۔ ماہ رمضان ہر جگہ خود آکر فیوض برکات عطا کرتا ہے۔ اس میں صدقہ وخیرات کا اجر وثواب بھی زیادہ ہوتا ہے اور اس میں محتاجوں اور مساکین کے ساتھ خود بخود ہمدردی اور ایثار کا جذبہ زیادہ ہو جاتا ہے۔

اسی لئے آپ نے ارشاد فرمایا: یہ ہمدردی کا مہینہ ہے۔

اور آپ نے فرمایا: اس ماہ میں مومن کا رزق بڑھا دیا جاتا ہے۔

زواجر کے حوالہ سے ایک حدیث بیان فرمائی گئی ہے: آسمان سے رمضان کی ہر رات کو ایک منادی والا طلوع تک یہ ندا کرتا ہے، اے خیر کے طلبگار تمام کر اور خوش ہو اور برائی کے چاہنے والے رک جا اور عبرت حاصل کر۔ کیا کوئی بخشش مانگنے والا ہے کہ اس کی بخشش کی جائے کیا کوئی توبہ کرنے والا ہیکہ اس کی توبہ قبول کی جائے۔ کیا کوئی دعا مانگنے والا ہے کہ اس کی دعا قبول کی جائے۔ کیا کوئی سوالی ہے کہ اس کا سوال پورا کیا جائے۔

حضرت عبداللہ بن مسعودؓ سے مروی ہے کہ آپ نے رسول اللہؐ سے سنا ہیکہ آپ فرما رہے ہیں کہ رمضان شریف کا چاند طلوع ہو گیا تھا، اگر لوگ رمضان مبارک کی فضیلت کو (کما حقہ) جانتے، تو میری امت آرزو کرتی کہ سارا سال ہی رمضان ہوتا۔

حضرت ابن عباسؓ سے بحوالہ طبرانی شریف مروی ہے کہ رسول اللہؐ نے فرمایا: کیا تمہیں خبر نہ دوں کہ فرشتوں میں افضل حضرت جبرئیل ہیں۔ اور دیگر انبیاء کرام میں افضل سیدنا آدم اور دنوں میں جمعہ المبارل افضل، اور راتوں میں افضل لیلۃ القدر اور مہینوں میں افضل ماہ رمضان اور عورتوں میں افض مریم بنت عمران۔ (او کما قال الی آخر الحدیث)

***

ماہ رمضان اور اس کی افادیت

محمد راشد فلاحی

اسلام کے اکثر احکام کی طرح روزے کی فرضیت بھی بتدریج عائد کی گئی ہے۔ نبی اکرم ﷺ نے ابتداء میں مسلمانوں کو صرف ہر مہینے تین دن کے روزے رکھنے کی ہدایت فرمائی تھی۔ مگر یہ روزے فرض نہ تھے۔ پھر ۲ ہجری میں رمضان کے روزوں کا حکم قرآن میں نازل ہوا۔ حضرت سلمان فارسیؓ سے روایت ہے کہ انہوں نے کہا کہ شعبان کی آخری تاریخ کو نبی اکرم ﷺ نے خطبہ دیا اور فرمایا:

اے لوگو! ایک بڑی عظمت والا مہینہ، بڑی برکت والا مہینہ قریب آگیا ہے۔ وہ ایسا مہینہ ہے کہ جس کی ایک رات ہزار مہینوں سے بہتر ہے۔ اللہ تعالیٰ نے اس مہینہ میں روزہ رکھنا فرض قرار دیا ہے اور اس مہینہ کی راتوں میں تراویح پڑھنا نفل قرار دیا ہے۔ (یعنی فرض نہیں ہے بلکہ سنت ہے، جس کو اللہ تعالیٰ بے انتہا پسند فرماتا ہے)

جو شخص اس مہینہ میں کوئی ایک نیک کام اپنے دل کی خوشی سے بطور خود انجام دے تو وہ ایسا ہو گا جیسے کہ رمضان کے سوا اور مہینوں میں فرض ادا کیا ہو، اور جو اس مہینہ میں فرض ادا کرے گا تو وہ ایسا ہو گا جیسے کہ رمضان کے سوا دیگر مہینوں میں کسی نے ستر فرض ادا کئے۔ اور یہ صبر کا مہینہ ہے اور صبر کا بدلہ جنت ہے اور یہ مہینہ معاشرہ کے غریب اور حاجت مندوں کے ساتھ ہمدردی کا مہینہ ہے۔ (مشکوۃ)

اس مہینہ کا صبر کا مہینہ ہونے سے مراد یہ ہے کہ اس مہینہ میں روزہ داروں کو روزہ کے ذریعہ اللہ کی راہ میں جمنے اور اپنی نفسانی خواہشات پر مکمل طور پر کنٹرول پانے کی تربیت دی جاتی ہے۔ آدمی ایک متعنیہ مدت سے لے کر دوسری متعینہ مدت تک اللہ تعالیٰ کے حکم کے مطابق نہ کھاتا ہے اور نہ پیتا ہے اور نہ ہی بیوی سے مباشرت کرتا ہے۔ ان اعمال کے کرنے سے اس کے اندر اللہ کی اطاعت کا جذبہ پیدا ہوتا ہے۔ ان اعمال سے آدمی کی اس بات سے مشق ہوتی ہے۔ موقع پڑنے پر وہ اپنے جذبات و خواہشات پر اور اپنی بھوک و پیاس پر بہت حد تک قابو رکھ سکتا ہے۔ اس دنیائے فانی میں مومنین کی مثال میدان جنگ کے سپاہی کی سی ہے جسے شیطانی خواہشوں اور باطل طاقتوں سے نبرد آزما ہونا ہے۔ اگر اس کے اندر صبر کی صفت نہ ہو تو حملہ کی ابتدا ہی میں اپنے آپ کو دشمن کے حوالے کر دے گا۔

یہ شہر رمضان جس میں ہم آپ سانس لے رہے ہیں اس کا ایک ایک لمحہ انتہائی خیر و برکت کا ہے، یہ مہینہ روزوں کا مہینہ ہے، یہ مہینہ نمازوں کا مہینہ ہے اس مہینے میں جنت کے دروازے کھول دیے جاتے ہیں۔ اس مہینہ میں جہاں تک ہو سکے زیادہ سے زیادہ نماز ،ذکر، تلاوت، قرآن کا اہتمام کیجئے۔ لڑائی جھگڑے اور گناہوں کیکاموں سے دور رہیے اور غریبوں اور مسکینوں کی حتی الامکان مدد کیجئے۔

روزہ انتہائی اہم عبادت ہے، بندہ صرف اپنے مالک کی رضا اور خوشنودی کے لئے اس کے حکم کی تعمیل کرتا ہے، اپنا کھانا پینا اور بہت سے جائز امور سے اجتناب کرتا ہے۔ بندے کے یہ اعمال دلوں کو برائیوں سے پاک کرنے کے لئے انتہائی مفید ہیں، ان سے تقویٰ پیدا ہوتا ہے، بندے کے دل میں اللہ کی ناخوشی اور اس کی نافرمانی سے ڈرنے کا جذبہ پیدا ہوتا ہے اور پھر وہ جو کچھ بھی کرتا یا کہتا ہے، اس سے پہلے یہ سوچ لیتا ہے کہ

میرے اس فعل سے کہیں میرا مالک ناخوش تو نہ ہوگا۔ یہی وہ قوت ہے جو انسان کی تمام صلاحیتوں کو شر کے راستوں میں صرف ہونے سے بچا کر خیر کے راستوں میں صرف کراتی ہے۔ نبی اکرم ﷺ نے فرمایا کہ روزہ ڈھال ہے اور جب تم میں سے کسی کے روزہ کا دن ہو تو اپنی زبان سے فحش بات نہ نکالے اور نہ ہی شور و ہنگامہ کرے، اور اگر کوئی اس سے گالی گلوچ کرے یا لڑائی کرنے پر آمادہ ہو تو اس سے کہہ دے کہ میں تو روزے سے ہوں (بھلا میں کس طرح گالی دے سکتا ہوں۔)

ان مبارک دنوں کے دوبارہ میسر آنے پر ہمیں اللہ کا شکر ادا کرنا چاہئے۔ نعمتیں اسی وقت خیر کا موجب بنتی ہیں جب ان کا صحیح شکر ادا کیا جائے۔ رمضان مومن کے لئے ایک بہت ہی بڑی نعمت ہے، ہم پر اس کا شکر واجب ہے اور شکر کی بہترین شکل یہی ہے کہ ہم اللہ کی اس نعمت کا بھرپور استعمال کریں اور اس کو اس طریقہ سے استعمال کریں کہ ہمیں اپنے رب ذوالجلال کی زیادہ سے زیادہ خوشنودی حاصل ہو سکے۔ ہر وہ مومن جسے اللہ تعالیٰ نے زندگی میں پھر ایک بار رمضان کی نعمت سے فائدہ اٹھانے کی مہلت عطا فرمائی ہے، بڑا ہی خوش نصیب ہے کہ اسے اپنی نیکیوں کے ذخیرہ میں اضافہ کرنے کا موقع ہاتھ لگ گیا ہے۔ اس زریں موقع سے وہی لوگ فائدہ حاصل کر سکتے ہیں جو ایک طرف تو اپنے دل میں اس نعمت کی قدر کو ملحوظ رکھیں اور دوسری طرف اس سے فائدہ اٹھانے کے لئے وہ جو کچھ بھی کر سکتے ہوں اس سے دریغ نہ کریں۔

شہر رمضان کی فضیلت کوئی کہاں تک بیان کرے، روزے اور روزے دار کی فضیلت میں متعدد احادیث ہیں۔ نبی اکرم ﷺ نے فرمایا: جنت کا ایک دروازہ ہے، جس کا نام ریان (سیرابی) ہے قیامت کے روز آواز دی جائے گی کہ کہاں ہیں روزے دار؟ جب سارے روزے دار اس دروازے سے داخل ہو جائیں گے تو اس دروازے کو بند

کر دیا جائے گا اور اس سے کوئی داخل نہ ہو سکے گا۔ (بخاری و مسلم)

حضرت ابو سعیدؓ سے روایت ہے کہ نبی اکرم ﷺ نے فرمایا: جو بھی بندہ اللہ کی راہ میں اللہ کے لئے روزے رکھتا ہے اللہ تعالیٰ ان روزوں کی بدولت اس کے چہرے کو آگ سے ۷۰ حریف (۲۱۰ میل) دور کر دیں گے۔ (بخاری، مسلم، ترمذی، نسائی، احمد، ابن ماجہ)

نبی اکرمؐ نے فرمایا: جس شخص نے ایمان کے ساتھ اجر آخرت کی نیت سے رمضان کے روزے رکھے تو اللہ اس کے ان گہانوں کو معاف کر دے گا، جو اس سے پہلے ہو چکے ہیں، اور جس شخص نے ایمان کے ساتھ اجر آخرت کی نیت سے رمضان میں تراویح پڑھی تو اللہ کے گناہوں کو معاف کر دے گا۔ غرض کہ روزہ رکھنے کی بہت سی فضیلتیں ہیں اور روزہ رکھنا انتہائی باعث اجر و ثواب ہے، جس چیز کے کرنے سے انتہائی فائدہ ملتا ہے ،اس کے نہ کرنے اور ترک کر دینے سے اس سے کہیں زیادہ نقصان بھی ہوتا ہے۔ چنانچہ رمضان کے روزوں کا بھی یہی معاملہ ہے۔

روزہ خوروں کا انجام:

حضرت ابو امامہ باہلیؓ کہتے ہیں میں نے نبی اکرمؐ کو یہ فرماتے ہوئے سنا کہ میں سو رہا تھا کہ دو شخص میرے پاس آئے، وہ میرا شانہ پکڑ کر ایک دشوار گزار پہاڑ کے پاس لے گئے اور اس پر چڑھنے کو کہا، میں نے کہا اس پر چڑھنا میرے بس کی بات نہیں۔ انہوں نے کہا چڑھو، ہم سہارا دتیے ہیں، چنانچہ میں چڑھ گیا، جب پہاڑ کے بیچ میں پہنچا تو شدید قسم کی چیخیں سنیں، میں نے دریافت کیا کہ یہ کیسی چیخیں سنائی دے رہی ہیں، انہوں نے بتایا کہ یہ جہنم والوں کی چیخیں ہیں۔ پھر مجھے اور آگے لیجایا گیا تو دیکھا کچھ لوگ الٹے ٹانگ دیے گئے ہیں، ان کے جبڑے پھاڑ دیے گئے ہیں اور ان سے خون بہہ رہا ہے، میں نے پوچھا یہ کون لوگ ہیں؟ بتایا گیا یہ وہ لوگ ہیں جو رمضان کے دنوں میں کھاتے پیتے تھے

اور روزے نہیں رکھتے تھے۔

عبادت میں اعتدال:

روزہ رکھنے کے ثواب بہت ہیں اور نہ رکھنے کے عذاب بہت۔ لیکن کسی عبادت کو باعث اجر ثواب سمجھتے ہوئے اس میں حد سے بڑھ جانا اور اعتدال کی سرحدوں کو پار کر جانا۔ اس بات کی اسلام قطعی اجازت نہیں دیتا۔ اسلام میں تو آسانیاں ہی آسانیاں ہیں۔ مہینے سال میں چار ہوتے ہیں۔ ذی قعدہ، ذی الحجہ ، محرم اور رجب۔ مذکورہ حدیث میں انہیں تین مہینوں کے بارے میں کہا گیا ہے کہ ان مہینوں میں کچھ دن روزے رکھو اور چھوڑ دو۔ (یعنی روزے نہ رکھو) ایک اور حدیث میں حضرت عبداللہ ابن عمرو ابن العاصؓ کہتے ہیں کہ مجھ سے نبی اکرمؐ نے فرمایا: مجھے بتایا گیا ہے کہ تم مسلسل پابندی سے روزہ رکھتے ہو اور رات بھر نوافل میں مشغول رہتے ہو، کیا یہ صحیح ہے؟ میں نے کہا یا رسول اللہ! یہ خبر صحیح ہے۔ آپ نے فرمایا ایسا نہ کیا کرو۔ کبھی روزہ رکھو اور کبھی ناغہ کرو۔ اسی طرح رات کو سوؤ بھی اور نفلیں بھی پڑھو، کیوں کہ تمہارے جسم کا تم پر حق ہے اور تمہارے ملنے جلنے اور مہمانوں کا تم پر حق ہے، اس لئے تم ہر مہینے تین دن روزہ رکھو اتنا ہی تمہارے لئے کافی ہے۔

فضیلت اعتکاف:

حضرت ابو سعید خدریؓ کہتے ہیں کہ نبی کریمؐ نے رمضان المبارک کے پہلے عشرے میں اعتکاف فرمایا اور پھر دوسرے عشرے میں بھی۔ پھر ترکی خیمہ جس میں اعتکاف فرمارہے تھے باہر سر نکال کر ارشاد فرمایا کہ میں نے پہلے عشرے کا اعتکاف شب قدر کی تلاش اور اہتمام کی وجہ سے کیا تھا، پھر اسی کی وجہ سے دوسرے عشرے میں کیا، پھر مجھے کسی بتانے والے (یعنی فرشتے) نے بتلایا کہ وہ رات آخری عشرے میں ہے۔ لہذا جو لوگ

میرے ساتھ اعتکاف کر رہے ہیں وہ اخیر عشرے کا بھی اعتکاف کریں۔ مجھے یہ رات دکھلا دی گئی تھی، پھر بھلا دی گئی۔ لہذا اب اس کو اخیر عشرے کی طاق راتوں میں تلاش کرو۔

نبی اکرمؐ کی عادت میں شامل تھا کہ آپ ہر سال ماہ رمضان میں اعتکاف کیا کرتے تھے۔ آپ کا جس سال وصال ہوا تھا اس سال آپ نے بیس دنوں کا اعتکاف فرمایا تھا۔ لیکن اکثر عادت شریفہ آخری عشرے میں اعتکاف کرنے کی تھی۔ اس لئے علماء کے نزدیک اخیر عشرے میں اعتکاف کرنا سنت موکدہ ہے۔

٭ ٭ ٭

رمضان المبارک کس طرح گزاریں؟

مولانا خالد سیف اللہ رحمانی

رمضان المبارک کا بابرکت مہینہ شروع ہو چکا ہے، اور خدا کی رحمتیں اس کے بندوں کی طرف متوجہ ہیں، جو وقت جتنا قیمتی ہوتا ہے اور جو چیز جتنی گراں قدر ہوتی ہے، اسی قدر اس کی حفاظت اور اس کے حقوق کی رعایت بھی ضروری ہوتی ہے، ریت کے تھیلے سر راہ رکھ دئے جاتے ہیں اور سونے کا ایک چھوٹا سا ٹکڑا بھی محفوظ مکان اور محفوظ جگہ میں رکھا جاتا ہے، تو آیئے ماہ مبارک کے لئے ایک نظام العمل بنایئے! اور اس نظام کے مطابق اپنا وقت گزاریے! یہ نظام وقت کی حفاظت کرے گا، نیکیوں کی توفیق میں معاون ہوگا اور اس مہینہ کی سعادتوں اور برکتوں سے دامن مراد بھرنے کے لئے وسیلہ بنے گا۔

رمضان المبارک کا سب سے اہم عمل روزہ ہے، روزہ کیا ہے؟ خدا سے محبت اور اس کی خوشنودی کے لئے سب کچھ قربان کر دینے کی تربیت، اس بات کا اظہار کہ وہ رب کی چاہت کے آگے نفس کی چاہت کو قربان کر دے گا، وہ آخرت کی نعمتوں سے اپنے دامن طلب کو سرفراز کرنے کے لئے اپنے آپ کو دنیا کی شہوات وخواہشات اور تیز گام گھوڑے کو اپنے قابو میں رکھے گا، کیوں کہ دنیا کی تمام لذتیں معدہ اور نفسانی جذبات کے گرد گھومتی ہیں، روزہ ان دونوں پر کنٹرول کرتا ہے، اور اس کنٹرول کے پیچھے کوئی ظاہری

اور مادی طاقت نہیں ہے، صرف خدا کا خوف اور آخرت میں جواب دہی کا احساس ہے، جو روزہ دار کو کھانے پینے سے روکے ہوا ہے، اسی لئے سب سے اہم بات یہ ہے کہ ہم بقدرِ امکان روزہ توڑنے سے بچیں۔

ہر عاقل، بالغ مسلمان مرد و عورت پر روزہ رکھنا فرض ہے، اس سے صرف حیض و نفاس سے دوچار عورتیں، مسافر، بہت بوڑھے، اور مریض جو روزہ رکھنے کی طاقت نہیں رکھتے مستثنیٰ ہیں۔ اگر ان اعذار کے نہ ہونے کے باوجود کوئی شخص روزنہ توڑے تو سخت گناہگار ہے اور اتنا بڑا مجرم ہے کہ ارشاد نبوی ﷺ کے مطابق اگر رمضان المبارک کے ایک روزہ کے بدلہ سال بھر بھی روزہ رکھتا ہے تو اس ایک روزہ کے توڑنے کی تلافی نہ ہو سکے، اس لئے کسی شرعی عذر کے بغیر روزہ توڑنے سے پوری طرح پرہیز کیجئے۔

رمضان المبارک کا دوسرا عمل نماز تراویح کا اہتمام ہے، رسول اللہ ﷺ نے چند دنوں مسجد نبوی میں یہ نماز ادا فرمائی ہے، پھر اس اندیشہ سے مسجد میں آپ ﷺ نے نماز پڑھنا چھوڑ دیا کہ کہیں یہ نماز امت پر فرض نہ ہو جائے کہ اگر ایسا ہوا تو یہ امت کے لئے باعث مشقت ہو گا۔

رمضان المبارک کا تیسرا اہم عمل قرآن مجید کی تلاوت ہے، اس ماہ میں نزول قرآن کا آغاز ہوا، رسول اللہ ﷺ اس ماہ مبارک میں حضرت جبرئیلؑ سے قرآن کا دور کیا کرتے تھے، گویا ماہ رمضان نزول قرآن کی یادگار اور اس کی سال گرہ ہے۔

تلاوت قرآن کی اہمیت کا حال یہ ہے کہ اس کتاب کے ایک حرف کو پڑھنے پر بھی دس نیکیاں حاصل ہوں گی، رسول اللہ ﷺ نے قرآن پڑھنے والوں کو اہل اللہ اور اللہ تعالیٰ کے خاص بندے قرار دیا ہے۔

"اھل القرآن ہم اھل اللہ وخاصتہ" (الترغیب الترہیب: ۲/۵۴)

یہ قرآن قیامت کے دن قرآن والوں کے لئے سفارشی بن کر کھڑا ہو گا:
"القرآن شافع و مشفع"

اس لئے تلاوت قرآن مجید کا اہتمام تو ہمیشہ ہونا چاہئے، لیکن رمضان المبارک میں تلاوت کا خصوصی اہتمام مطلوب ہے، دن و رات میں سے کوئی وقت گھنٹہ، ڈیڑھ گھنٹہ کا تلاوت کے لئے مخصوص کر لیجئے، ظہر کے بعد عصر کے بعد، سحری سے پہلے، یا فجر کے بعد، جو وقت مناسب حال ہو، عام طور پر نصف گھنٹہ میں تو ایک پارہ مکمل ہو ہی جاتا ہے، اس گھنٹہ، ڈیڑھ گھنٹہ میں کچھ وقت تلاوت کے لئے رکھئے اور باقی اوقات میں قرآن مجید کا ترجمہ پڑھ لیجئے، جو ترجمہ مستند و معتبر ہو، اس سے قرآن سے آپ کا رشتہ مضبوط ہو گا۔ تلاوت قرآن مجید کے اس نظام کو رمضان المبارک تک محدود نہ کیجئے، بلکہ سال بھر کا معمول بنا لیجئے اور وقت اپنی سہولت سے طے کیجئے۔

رمضان المبارک کا چوتھا اہم عمل نفل نمازوں کا اہتمام ہے، ارشاد نبوی ﷺ کے مطابق اس ماہ میں نفل عبادتوں کا اجر فرض عبادتوں کے برابر کر دیا جاتا ہے، اس لئے اس ماہ میں نفل نمازوں کا بھی خصوصی اہتمام کرنا چاہئے۔

رمضان المبارک کا پانچواں خصوصی عمل "دعاؤں کا اہتمام" ہے، رمضان اور حج یہ دو مواقع ایسے ہیں جن میں دعاء کی قبولیت اور استجابت کے خصوصی اوقات کثرت سے ہیں، سحری کے وقت، افطار کے وقت، تلاوت قرآن کے بعد، آخری عشرہ کی طاق راتوں میں دعائیں خاص طور پر قبول ہوتی ہیں، اس لئے رمضان المبارک میں دعاؤں کا بھی معمول رکھنا چاہئے، اپنے لئے اپنے اعزہ کے لئے مرحومین کے لئے، پوری امت مسلمہ کے لئے اور دنیا و آخرت کے لئے، خدائے قدیر کے سامنے دست سوال پھیلانا چاہئے۔

اور دعاء کے آداب کی پوری رعایت کرتے ہوئے اللہ سے مانگنا چاہئے۔ عام طور پر

افطار کا وقت لوگ افطار کی تیاری اور انواع و اقسام کی غذائی اشیاء جمع کرنے میں صرف کر دیتے ہیں اور بیچاری خواتین کا تو پورا وقت محض پکوان کرنے میں چلا جاتا ہے، یہ روزہ کی روح کی خلاف ہے۔

❊ ❊ ❊

رمضان میں بچوں کو مثبت سرگرمیوں میں مصروف رکھیں

منیرہ عادل

رمضان المبارک کے بابرکت مہینہ میں ماں، باپ کی یہ خواہش تو ہوتی ہے کہ ان کے ننھے بچے بھی روزہ رکھیں، لیکن وہ ان بچوں کے روزے کو بہتر اور خوش گوار بنانے پر توجہ نہیں دیتے، دراصل والدین کے معمولات بھی اس ماہ مبارک میں خاصے تبدیل ہو جاتے ہیں لہذا ان کے روزہ رکھنے والے چھوٹے بچوں کی اکثریت روزے کے دوران اپنا وقت ٹی وی یا کمپیوٹر کے ساتھ یا پھر سو کر گزارتی ہیں۔ پھر کوئی سرگرمی نہ ہونے کے سبب بچے خاصی بے زاری اور چڑچڑے پن کا بھی مظاہرہ کرنے لگتے ہیں۔ بعض اوقات ان سے نمازیں بھی چھوٹنے لگتی ہیں۔ ماؤں کو ایسی صورت حال پر توجہ دینے کی ضرورت ہے۔ اگرچہ باورچی خانہ کی مصروفیات خاصی بڑھ جاتی ہیں لیکن اگر اس جانب توجہ نہ دی تو پھر بچوں میں ساری عمر کے لئے خرابی پیدا ہو سکتی ہے۔ اسکا حل ان کے لئے دلچسپ سرگرمیاں ہیں تاکہ مستعد رہ کر ان کا روزہ بھی اچھا گزرے اور ان کی تربیت بھی ہو۔

سب سے پہلے تو ان ایام میں بچوں کے معمولات کو خاص طور پر درست کیجئے جیسے چھٹی کے دن سحری کے بعد انہیں پوری کرنے دیں۔ انہیں ہدایت دیں کہ وہ سحری کے بعد سو جائیں، تاکہ دن کے وقت پھر نیند نہ آتی رہے اور نمازیں بھی وقت پر ادا ہو جائیں۔

بچوں کو روزوں میں مصروف رکھنے کے لئے سب سے اہم چیز ان کی دلچسپی ہے اور

ہر بچے کی دلچسپی اس کی عمر اور رجحانات کے حوالے سے بالکل جداگانہ ہوسکتی ہے۔ یہاں مقصد چونکہ ان کی دل جوئی، مصروفیت اور بہلانا ہے اس لئے زیادہ پابندیوں یا سختیوں کی کوئی گنجائش نہیں۔ سوائے فرض نمازوں اور کچھ تلاوت کے اگر انہیں باقی وقت ان کی مرضی سے گزارنے دیا جائے تو مناسب ہے۔ البتہ اچھی چیزوں کی تاکید اور نصیحت ضرور کی جاسکتی ہے کہ روزے میں یہ عمل کرنا اچھا ہے اور یہ عمل مناسب نہیں۔ مختلف دعائیں اور مفید چیزوں میں دلچسپی پیدا کرنے کے لئے انکی پسند کے انعامات اور دیگر چیزیں دی جاسکتی ہیں۔ بچوں کو روزانہ فضائل رمضان اور عبادات کے متعلق بھی بتلائیں، مثلاً تراویح، نوافل، شب قدر، اعتکاف، روزے، نماز اور وضو کے فرائض وغیرہ بچوں کو عبادات کا پابند بنائیں۔

انہیں بتایئے کہ روزے کا مقصد اپنے رب کی خوشنودی حاصل کرنے کے ساتھ اپنے جیسے دوسرے لوگوں کی تکالیف کا احساس کرنا اور ان کے دکھ درد کو سمجھنا ہے۔ اس ماہ مبارک میں ہمیں غریب اور مستحق لوگوں کی ضروریات کا بھی خیال رکھنا چاہئے۔ جذبہ ایثار کے تحت اپنی خواہشات کو محدود کرکے انکی بنیادی ضروریات کی تکمیل کرنا بہت بڑی نیکی ہے۔ یہی نہیں روزے کی حالت میں ہمیں حقوق العباد کی ایک مکمل مشق کرائی جاتی ہے، جو باقی سال بھی ہماری اصلاح کا تقاضا کرتی ہے۔ ایک ماہ روزے رکھ کر ہم میں لازماً ایسی تبدیلی آنی چاہئے۔ جس سے ہمارے اخلاق اور کردار سنور سکیں۔

بچوں کے اندر جذبہ قربانی پیدا کرنے کے لئے ان سے غریب بچوں کے لئے افطار کے پیکٹ تیار کرائیں۔ یا ایک قاب میں کٹے ہوئے پھل، تلی ہوئی اشیاء اور افطاری کا دیگر سامان سجانے کے لئے کہیں اور پھر انہیں ساتھ لے جاکر تقسیم کرائیں۔ محلے کے گھروں اور رشتہ داروں کے ہاں افطاری بھجوائیں۔ آخری روزوں میں ان سے غریب افراد کے

لئے عید کے تحائف بھی تیار کرائے جاسکتے ہیں اور پھر ان مستحق لوگوں کی بستیوں میں جاکر ان کے ہاتھ سے یہ چیزیں تقسیم کرائی جاسکتی ہیں۔ ان سے ان کے اندر دوسروں کے مسائل اور تکالیف سمجھنے کا احساس پیدا ہوگا اور سماج سے رابطہ رکھنے کی ان کی ٹریننگ کا بھی گویا آغاز ہوجائے گا ورنہ دور حاضر میں ہر انسان اپنی زندگی جی رہا ہے، بہت ہوا تو وہ اہل خانہ کے ساتھ زندگی گزارتا ہے، اس سے زیادہ نہیں۔

ایسی سرگرمیان ان کی دینی تربیت کے ساتھ ماہ رمضان میں ان کی بہترین مصروفیت ثابت ہوں گی۔ اس کے علاوہ کبھی کبھار انہیں افطار کے وقت باہر لے جاکر مسافروں کا روزہ افطار کرانے کا تجربہ کرائیں۔ روزے دار کے لئے وقت افطار سب سے زیادہ اہم ہوتا ہے اس وقت اپنے بھرے پرے دسترے خوان کو چھوڑ کو باہر ٹریفک میں پھنسے لوگوں کو روزہ کھلوانے سے ان کے اندر صبر کا احساس قوی ہوگا اور جذبہ ایثار بڑھے گا۔ یہ تمام چیزیں بچوں کو سرگرم اور مستعد رکھنے میں بھی مدد دیں گی اور ان کا روزہ بھی اچھا گزرے گا۔

٭٭٭

اس طرح توڑ میرے دل کو کہ آواز نہ ہو

زبیر حسن شیخ

یہ ماہ مبارک بھی یونہی گزرا جاتا ہے - خالق کل کی رحمتیں اپنے ہر ایک بندے پر سوا ہیں، بے شمار ہیں۔۔۔۔اور بزم کے تمام احباب بھی ان رحمتوں میں برابر شریک ہیں -شکر ہے پچھلے دو روز میں بزم کچھ گرمائی ہے، ورنہ ایک وقت ایسا خیال بھی گزرا تھا کہ ابھی تبھی کوئی بزم سے یہ کہہ کر اٹھ نہ جائے بقول پروین شاکر صاحبہ کہ: تیرے پیمانے میں گردش نہیں باقی ساقی۔۔۔۔۔۔اور تری بزم سے اب کوئی اٹھا چاہتا ہے -لیکن شکر ہے رب کا ایسا کچھ نہیں ہوا۔۔ بلکہ کئی نئے اہل فکر و قلم سے بزم کی رونقیں بڑھتی گئیں، ان میں شاید اکثر نئے نہ ہوں بلکہ آغاز سے ایک اچھے قاری کی طرح بزم میں موجود ہوں -خیر سے پچھلے دنوں پیر میخانہ کی آواز پر لبیک بھی تو کہا گیا۔۔۔اور اکثر احباب نے بزم میں واپسی بھی کی۔۔۔ اور حاضری بھی درج کی -کچھ دل جوڑنے آئے اور کچھ بھلے ہی دل توڑنے آئے لیکن آئے تو سہی کہ گلشن کا کاروبار چلے-

ویسے علامہ کی بات مانیے تو، جنکی بات ہر کوئی مانتا ہے۔۔ پھر چاہے وہ لبرل ہو یا سیکولر، دین بیزار ہو یا دنیا بیزار، ریپبلیکن ہو یا ڈیموکریٹک، روادار ہو یا طرحدار، خوش عقیدہ ہو یا بد عقیدہ -الغرض علامہ فرماتے ہیں:

محبت کے لئے دل ڈھونڈ کوئی ٹوٹنے والا۔۔ یہ وہ مے ہے جسے رکھتے ہیں نازک

آبگینوں میں۔-

خیر سے جو احباب دلوں کو جوڑنے آتے ہیں انہیں کچھ یوں کہہ دیا جاتا ہے بقول فراز کہ

تو اپنی شیشہ گری کا ہنر نہ کر ضائع۔۔۔۔۔

اور جو دل توڑنے آتے ہیں انہیں بلکل پتا ہوتا ہے کہ محبت کی مے کس مخلص دل کے آبگینہ میں موجود ہے کہ جس کے ٹوٹتے ہی محبت کا دریا بہہ نکلے گا، اور جو ایمان کے نور سے منور ہو گا، اور خاصکر اس ماہ مبارک میں اس کا نشہ دو بالا ہو گا۔ اور ہم تو بس یونہی کہہ دیتے ہیں (اہل آہنگ و عروض سے معذرت کے ساتھ) کہ :

اس طرح توڑ میرے دل کو کہ آواز نہ ہو

درد کی جلتر نگ میں اور کوئی ساز نہ ہو

میری آنکھوں کو سیراب کر تو کر ایسے

کہیں نشیب نہ ہو اور کہیں فراز نہ ہو

مجھ کو وہ دن نہ دکھانا کہ جس دن یار

تیرا سجدہ نہ ہو مجھ سے، تیری نماز نہ ہو

ضرورت سب کو ہے سبکی مگر میرے خدا

جز تیرے میرا کہیں کوئی کار ساز نہ ہو

الغرض ہم سب اپنے اپنے فکری تالاب میں غوطہ زن رہتے ہیں جبکہ بیکراں سمندر ہم نے جزدان میں لپیٹ کر رکھا ہوا ہے، جو اس ماہ مبارک میں ٹھاٹیں مار رہا ہے اور کہہ رہا ہے، میرے ذکر کو آسان بنایا گیا ہے، تو کیا ہے کوئی جو مجھ میں تدبر کرے۔۔۔۔۔۔

کیا کوئی ہے جو اپنے اپنے تالابوں کو چھوڑ کر میری پناہوں میں آ کر اپنی خودی کو

آشکار کرے- اور ہم اہل سمندر جو موروثی غواص بنائے گئے ہیں۔۔۔ وہ ہیں کہ چھوٹے چھوٹے فکری تالابوں میں تیراکی کر رہے ہیں- کوئی آزادی نسواں کا اسیر ہے اور تین طلاق کو لے کر اچھل کود مچایا ہوا ہے تو کوئی چار شادی کے نام پر اپنے فکری تالاب میں سر پٹک رہا ہے- جیسے دو ارب سے زائد مسلمانوں کی زندگی میں اب یہی چند مسائل رہ گئے ہیں۔۔۔ اور یہی چند اعمال ہیں جن کی وجہ سے مسلمانوں کو زوال پیش آیا ہے، یا شاید جس کے تصفیہ کے بغیر خرد مندان اہل مغرب ان سے انسان ہونے کی سند چھین لیں گے۔

اور طرفہ تماشا یہ ہے کہ ایسے تمام اعمال کا اوسط یا انکی شرح فیصد نکال کر انکا تجزیہ یا تقابلی موازنہ کیا جائے (ایسے تمام تجزیات تہذیب جدیدہ میں ناقابل تردید مانے جاتے ہیں) تو ان کے نتائج اس حقیقت کو ثابت کر دینگے کہ ان اعمال میں ملوث اکثر مسلمان مغربی تعلیم و تربیت کے پروردہ امرا و روساء اور آسودہ حال ہی ہوتے ہیں، پھر وہ چاہے عربی ہوں یا عجمی، ترکی ہوں یا ایرانی۔۔۔۔ اور یہ اعمال ان قبیح اعمال سے کمتر ہیں جن میں مہذب انسان سر تا پا شرابور ہو کر معاشرے میں ناسور پھیلا رہا ہے۔۔۔ کلنٹن اور برلسکونی کے شیدائی مسلمان ان اعمال کا ذمہ دار ان غریب غیر تعلیم یافتہ مسلمانوں کی اکثریت کو ٹھہراتے ہیں جو بیچارے جانتے بھی نہیں کہ ماجرا کیا ہے اور کس نے کیا کیا ہے۔۔۔ اور جن کے دل کے آبگینوں میں محبت و ایمان کی مے رکھی ہوتی ہے، جن غریبوں کے پاس بھلے علم نہ ہوتا ہو (جو بلکل ہونا چاہیے کیونکہ ایمان کا پودا علم کے بغیر پروان نہیں چڑھتا) لیکن انکے پاس تربیت تو اکثر ہوتی ہی ہے جو اس تعلیم سے بہتر ہوتی ہے جس میں تربیت نہیں ہوتی-

ایسے لگتا ہے جیسے بغیر دینی تربیت کی تعلیم میں اہل خرد نے ساری دنیا کے مسائل کا

حل تلاش کر لیا ہے، جبکہ حال یہ ہوا ہے کہ تربیت سے مبرا اسی نام نہاد مغربی تعلیم نے لندن سے امریکہ تک آج مغرب کو نہ دنیا کا رکھا ہے نہ آخرت کا، اور یہ تہذیب اپنے ہی خنجر سے خودکشی کرتی نظر آ رہی ہے، ہاں منافقت کی عینک سے نظر نہیں آتی- اور رہی آخرت تو اسے مہذب مسلمان نے تہذیب کا دشمن بنا کر رکھ دیا ہے، اور کھسیانی بلی کھمبا نوچے کے مصداق علمائے دین پر طعنہ زنی کرنا مہذب و متمدن ہونے کی سند حاصل کرنے کے لئے از حد ضروری بلکہ ناگزیر سمجھ لیا گیا ہے، یا شاید سیکولرسٹ، نیشنلسٹ، سوشلسٹ یا کمیونسٹ کہلوانے کے لئے یہ ضروری کر دیا گیا ہو۔۔ یا پتا نہیں ان دنوں برطانوی یا امریکی شہریت، امیگریشن یا ویزا کے لئے اس منتر کو یاد رکھنا ضروری قرار دے دیا گیا ہو-

ہم میں کسی کو پردے کے نام سے چڑ ہے تو کسی کو فحاشی میں آزادی نسواں اور حقوق نسواں نظر آتے ہیں- کوئی مغرب کی اس نیلم پری کے نشے میں اس قدر غرق ہے کہ بقول علامہ: مجلس آئین و اصلاح و رعایات و حقوق۔۔۔۔۔ طب مغرب میں مزے میٹھے اثر خواب آوری- ہمیں اس ٹھاٹیں مارتے سمندر کو اب جزدان سے نکالنا ہو گا ورنہ ہم تہذیب جدیدہ کے مارے مسلمانوں کے لئے یہی کہا جاسکتا ہے کہ: وہ کم نظر غواصیٔ خرد کیا جانے۔۔۔ اک موج ریگ کو جس نے سمندر جانا-

اب اس خامہ فرسائی کو احباب سے معذرت کے ساتھ یہیں ختم کرتے ہیں، اس امید کے ساتھ کہ باقی باتیں رمضان المبارک کے بعد ہوگی ، انشااللہ۔۔۔ گذشتہ رمضان المبارک میں ایک مضمون بہ عنوان "ان دنوں چپکے سے کوئی کہتا ہے" آپ تمام احباب کی محبتوں کو یاد کرتے ہوئے بزم میں شائع کیا تھا، اسی مضمون کے آخری چند کلمات اس ماہ مبارک کی نسبت سے دوبارہ آپ تمام احباب کی نذر ہے-

ان دنوں چپکے سے کوئی کہتا ہے۔۔۔۔

اب بھی تجدید وفا کا ہے امکاں جاناں

تو ذرا یاد تو کر وہ عہد و پیماں جاناں

ترے دل میں سدا بھیڑ لگی رہتی ہے

ہم کیسے آئیں بن کر ترا مہماں جاناں

سورہ رحمان تم پڑھتے نہیں کہ یاد رہے

کسقدر ہم نے کئے تم پہ ہیں احساں جاناں

رمضان کریم، بہت ساری دعائیں اور آپ تمام احباب کو پیشگی عید مبارک

***

استقبال ماہِ رمضان

ڈاکٹر مفتی محمد مشتاق تجاروی

رمضان المبارک کا مہینہ وہ بابرکت مہینہ ہے جس میں قرآن مجید نازل ہوا۔ یعنی دنیائے انسانیت پر اللہ رب العالمین کی سب سے بڑی نعمت مکمل ہوئی۔ اس ماہ مبارک کی ایک فضیلت یہ ہے کہ اس میں فرائض کا ثواب ۷۰ گنا بڑھا دیا جاتا ہے اور نوافل کا ثواب فرض کے برابر کر دیا جاتا ہے۔ اسی ماہ مبارک میں وہ عظیم رات آتی ہے جو ایک ہزار مہینوں سے افضل ہے۔ یہ رات ایسی بابرکت ہے کہ قرآن مجید کی ایک مستقل سورۃ اس کے فضائل میں نازل ہوئی۔ یہ رات ایسی بابرکت رات ہے کہ سال بھر کے تقدیر کے فیصلے اسی رات میں کیے جاتے ہیں۔ یہ ماہ مبارک ایسا مقدس ہے کہ اس میں سرکش شیاطین پابند سلاسل کر دیے جاتے ہیں تاکہ مومن بندوں کے لیے یکسوئی سے عبادت کرنا آسان ہو جائے۔ اس ماہ مبارک کی فضیلت کا یہ عالم ہے کہ اس مہینے میں جہنم کے دروازے بند کر دیے جاتے ہیں اور آسمان کے دروازے کھول دیے جاتے ہیں تاکہ آسمان سے خیر و برکت کا نزول ہمہ وقت ہوتا رہے۔

بہت سے لوگ بلاؤں کو آسمان سے منسوب کرتے ہیں کہ آسمانی بلا نازل ہوئیں۔ لیکن مالک کائنات کے رسول اعظم صلی اللہ علیہ وسلم نے، جو سراپا رحمت ہیں، یہ بتایا ہے کہ جب آسمان کے دروازے کھلتے ہیں تو اللہ کی رحمتیں نازل ہوتی ہیں، زحمتیں نہیں۔

نزول رحمت اور خیر وبرکت کا یہ مہینہ نہایت ہی بابرکت اور خیر و صلاح کا مہینہ ہے۔ یہ ایسا مبارک مہینہ ہے کہ اگر کوئی شخص اس مہینے میں یکسوئی سے عبادت کر کے اپنے آپ کو جنت کا مستحق نہ بنا پائے تو حدیث میں ایسے شخص پر لعنت کی گئی ہے۔

رمضان المبارک کا یہ بابرکت مہینہ چند یوم کے بعد شروع ہونے والا ہے۔ اس مہینے کی برکت اور فضیلت ایسی عظیم الشان ہے جو اس ماہ مبارک کو مہینوں اور سالوں پر نہیں بلکہ صدیوں پر فوقیت دیتی ہے۔ اس ماہ مبارک میں جنت کا حصول آسان ہو جاتا ہے، نیکیوں کی تو گویا اس ماہ مبارک میں بہار آجاتی ہے۔

ایسا ماہ مبارک اب تمام انسانوں سے چند لمحوں کے فاصلے پر ہے۔ اگرچہ اس مقدس مہینہ کے استقبال کی تیاری پورے سال کرنی چاہیے۔ تاہم اس میں اگر چوک ہو جائے تو شعبان المعظم کا پورا مہینہ تو اس کے استقبال کی تیاری میں گزارنا ہی چاہیے۔ رسول اللہ صلی اللہ علیہ وسلم کے بارے میں روایات میں آتا ہے کہ آپؐ شعبان کا خصوصی اہتمام فرماتے تھے۔ یوں تو آپؐ ہر مہینے میں روزے رکھتے تھے لیکن سب سے زیادہ روزے شعبان میں رکھتے تھے۔ یہ بھی گویا ماہ رمضان کے استقبال کی تیاری تھی۔ رسول اللہ صلی اللہ علیہ وسلم کا یہ بھی معمول تھا کہ شعبان کے آخر میں روزے نہیں رکھتے تھے۔ صحیح بخاری میں لکھا ہے کہ رسول اللہ صلی اللہ علیہ وسلم نے فرمایا کہ رمضان سے ایک دو دن پہلے روزے نہ رکھا کرو، اسی طرح حدیث کی بعض کتابوں میں یہ بھی لکھا ہے کہ ۱۵ شعبان کے بعد آپؐ روزے نہیں رکھا کرتے تھے۔ گویا رمضان سے پہلے روزے نہ رکھنا رمضان المبارک کا خصوصی اہتمام کرنے کے لیے ہے۔

ماہ رمضان المبارک کے استقبال کا تقاضا یہ ہے کہ اس ماہ مقدس کی آمد سے قبل ہی اس مہینے کو گزارنے کی منصوبہ بندی کر لینی چاہیے۔ اس لیے کہ یہ مقدس مہینہ بڑی

برکتوں کا ہے اور اس کی برکتیں اور نعمتیں پوری طرح تب حاصل ہوں گی جب اس کا اہتمام پہلے سے کیا جائے گا۔ اس لیے رمضان کی تیاری اگر پورے سال نہ کر سکیں تو کم از کم شعبان کے مہینے میں اس کی تیاری ضرور کر لینی چاہیے۔

رمضان المبارک کے استقبال کے حوالے سے چند اہم پہلو ہیں۔ ان کو سامنے رکھیں اور ان کے مطابق اگر اس ماہ مبارک کی تیاری کریں تو امید ہے کہ اس ماہ مقدس سے زیادہ مستفید ہونے کا موقع ملے گا۔

ہم سب کی زندگی کو اگر غور سے دیکھا جائے تو یہ ایک گھڑی کی طرح ہے۔ ہم نے اپنے دن کو بھی بالکل گھڑی کی طرح مقرر کر رکھا ہے۔ جس طرح گھڑی میں وقت بتانے کے لیے گھنٹے اور منٹ ہوتے ہیں اسی طرح ہم لوگ بھی وقت کے ساتھ اپنے کاموں کو مقرر کر لیتے ہیں۔ یعنی صبح یہ کام کرنا ہے، دوپہر میں یہ کام اور شام کو یہ کام۔ پورا دن بلکہ پورا سال اور اس سے بھی بڑھ کر پوری زندگی اسی ایک پروگرام کے مطابق گزر جاتی ہے۔ کسی بھی نئے کام کے لیے وقت نکالنا مشکل ہوتا ہے۔ یہ زندگی کا بہت اچھا استعمال نہیں ہے۔ زندگی کا اچھا استعمال اس کی منصوبہ بندی کرنا اوراس کو طریقے سے بسر کرنے میں ہے۔ ماہ رمضان المبارک بھی اس سے مستثنیٰ نہیں ہے۔

رمضان المبارک کے استقبال کی پہلی تیاری تو یہ ہے کہ اپنے وقت کو رمضان المبارک کے مطابق ڈھال لیں۔ سال کے بقیہ دنوں کے پروگرام کو معطل کر کے رمضان المبارک کے لیے ایک نیا نظام الاوقات بنائیں جس میں سب سے زیادہ اہمیت عبادت کو ہو۔ یعنی رمضان المبارک صرف عبادت کے لیے ہے۔ بقیہ تمام تقاضے ضرورت کے مطابق پورے کیے جائیں گے۔ آرام کی ضرورت کا خیال رکھا جائے گا۔ بشری تقاضے بھی پورے کیے جائیں گے۔ معاشی ضرورتوں اور ڈیوٹی وغیرہ کا بھی اہتمام

ہو گا۔ لیکن صرف بقدر ضرورت اور عبادت ہو گی بقدر استطاعت۔ اگر عبادت میں انہماک کی دولت مل گئی تو یہ سب سے بڑی دولت ہو گی۔ اللہ کے نیک بندے وہ ہوتے ہیں جو اس کے سامنے سجدہ اور قیام میں راتیں بسر کرتے ہیں۔ پورے سال نہ سہی اس ماہ میں تو اس کا اہتما کیا جا سکتا ہے۔

استقبال ماہ رمضان کے حوالے سے ہم کو دوسرا اہتمام یہ کرنا چاہیے ہم اس ماہ میں صدقہ و خیرات میں غیر معمولی اضافہ کریں۔ عام دنوں میں اللہ کی راہ میں ہم جو خرچ کرتے ہیں، رمضان میں اس سے زیادہ خرچ کریں۔ زکوٰۃ تو فرض ہے، اس کے علاوہ بھی زیادہ سے زیادہ داد و دہش کرنی چاہیے۔ بعض روایات میں آتا ہے کہ رمضان المبارک میں رسول اللہ کا خیر و خیرات کا معمول ایسا ہو جاتا تھا جیسے آندھی میں تیز ہوا۔ یعنی بہت زیادہ خرچ کیا کرتے تھے۔ ہم کو چاہیے کہ اس ماہ مبارک میں غریبوں اور ناداروں کو زیادہ سے زیادہ دیں اور اس پر شکر ادا کریں۔ کسی کی مدد کرنا در اصل رب العالمین کی رحمت ہے جو وہ ہمارے ذریعے کرواتا ہے، اس لیے اگر کسی کو نیک کام کی اور کسی کی امداد کی توفیق ملے تو اس کو شکریہ ضرور ادا کرنا چاہیے کہ اللہ رب العزت نے اس کو اپنی رحمت کے اظہار کا ذریعہ بنایا۔

تیسرا کام یہ ہے کہ رمضان المبارک میں صلہ رحمی کا خصوصی معمول بنانا چاہیے ساتھ ہی رشتے داروں کے حقوق زیادہ سے زیادہ ادا کرنے چاہئیں۔ اگر کسی رشتہ دار سے ناچاقی ہے یا جھگڑا ہے تو رمضان المبارک شروع ہوتے ہی اس سے اپنا جھگڑا ختم کر دیں۔ اس سے معافی مانگیں اور اس کے ساتھ زیادہ سے زیادہ صلہ رحمی کا معاملہ کریں۔

چوتھا کام یہ ہے کہ رمضان المبارک میں زیادہ سے زیادہ قرآن مجید کی تلاوت کریں. کم از کم تین پارے روزانہ کا معمول ہونا چاہیے۔ تراویح میں جو قرآن سنا جائے اس

کو تراویح سے پہلے پڑھ کر جائیں اور امام کی تلاوت کو بھی دھیان سے سنیں۔ اس کے علاوہ فجر کے بعد، ظہر کے بعد اور عصر کے بعد ضرور تلاوت کریں۔ جس کو عربی آتی ہو وہ تو قرآن مجید کو سمجھ کر پڑھے اور جس کو عربی نہیں آتی وہ عام تلاوت کے علاوہ اس کا بھی اہتمام کرے کہ روزانہ ایک پارہ یا سوا پارہ معنی کے ساتھ قرآن مجید کو سمجھے اور جو کچھ سمجھے اس پر عمل کرے۔

ان کاموں کے علاوہ نوافل کا اہتمام، دعا کا اہتمام اور مناجات کے ساتھ ساتھ توبہ و استغفار کا بھی اہتمام کرنا چاہیے۔ اگر رمضان المبارک کی آمد سے قبل ہی رمضان المبارک گزارنے کی منصوبہ بندی کر لی جائے گی تو اس مبارک مہینہ سے بھرپور استفادے کا موقع ملے گا۔ اللہ تعالیٰ ہم سب کو اس ماہ مقدس کے اہتمام کی توفیق عطا فرمائے۔

❋ ❋ ❋

رمضان المبارک: عظمت، حرمت اور فضیلت والا مہینہ

مدیحہ فصیح

رمضان المبارک ہمارے لیے اللہ تعالیٰ کا خصوصی انعام ہے۔ یہ مہینہ نزول قرآن کا مہینہ ہے۔ اللہ تعالیٰ کی خاص رحمتوں اور برکتوں کا نزول، فراخی رزق، ایک دوسرے کی خیر خواہی اور جنت میں داخل ہونے کے لیے اور جہنم سے نجات حاصل کرنے کے لیے کی جانے والی کاوشوں کا مہینہ ہے۔ آخری کتاب و شریعت کے نزول کے ساتھ ہی اس ماہ میں حضور اکرم صلی اللہ علیہ وسلم کو نبوت کی بشارت دی گئی۔ یہ مقدس مہینہ اپنے اندر بے پناہ محاسن و فضائل سمیٹے ہوئے ہے جیسا کہ قیام اللیل، اجتماعیت، تلاوت قرآن، دعا، انفاق فی سبیل اللہ، لیلۃ القدر اور اعتکاف، جن کو پا کر انسان بے پناہ ثمرات حاصل کر سکتا ہے۔

رمضان المبارک ہجری قمری سال کا نواں مہینہ ہے جس میں صبح صادق سے غروب آفتاب تک چند امور سے قربت خدا کی نیت سے پرہیز کیا جاتا ہے۔ مثلاً کھانا پینا اور بعض دوسرے مباح کام ترک کر دیئے جاتے ہیں۔ شرعی زبان میں اس ترک کا نام 'روزہ' ہے جو اسلام کی ایک اہم ترین عبادت ہے۔ رمضان عربی کا لفظ ہے، جس کا اُردو میں معنی شدت حرارت کے ہیں، یعنی اس ماہ میں اللہ تعالیٰ روزہ کی برکت اور اپنی رحمت کے ذریعہ اہل ایمان کے گناہوں کو جلا دیتے اور ان کی بخشش فرما دیتے ہیں۔ رمضان 'رمض' سے

ماخوذ ہے جس کے معنی 'دھوپ کی شدت سے پتھر، ریت وغیرہ کے گرم ہونے' کے ہیں۔ اسی لیے جلتی ہوئی زمین کو 'رمضا' کہا جاتا ہے اور جب پہلی دفعہ روزے واجب ہوئے تو ماہ مبارک رمضان سخت گرمیوں کے ایام میں پڑا تھا۔ جب روزوں کی وجہ سے گرمیوں کا احساس بڑھا تو اس مہینے کا نام رمضان پڑ گیا۔

رمضان المبارک کی آمد آمد ہے، گویا یہ مہینہ نیکیوں اور اطاعت کے لیے موسمِ بہار کی طرح ہے، اسی لیے رمضان المبارک سال بھر کے اسلامی مہینوں میں سب سے زیادہ عظمتوں، فضیلتوں اور برکتوں والا مہینہ ہے۔ رمضان کا روزہ فرض اور تراویح نفل (سنت مؤکدہ) ہے۔

اس ماہ میں اللہ تعالیٰ اہلِ ایمان کو اپنی رضا، محبت و عطا، اپنی ضمانت و الفت اور اپنے انوارات سے نوازتا ہے۔ اس مہینہ میں ہر نیک عمل کا اجر و ثواب کئی گنا بڑھا دیا جاتا ہے۔ جب ایمان اور احتساب کی شرط کے ساتھ روزہ رکھا جاتا ہے تو اس کی برکت سے پچھلی زندگی کے تمام صغیرہ گناہ معاف ہو جاتے ہیں۔

اس ماہ میں ایک نیکی فرض کے برابر اور فرض ستر فرائض کے برابر ہو جاتا ہے، ایک رات جسے شبِ قدر کہا جاتا ہے وہ ہزار مہینوں سے افضل قرار دی گئی ہے۔ یہ صبر کا مہینہ ہے اور صبر کا بدلہ جنت ہے۔ یہ ہمدردی اور خیر خواہی کا مہینہ ہے، اس میں مؤمن کا رزق بڑھا دیا جاتا ہے۔ اس ماہ میں تین عشرے ہوتے ہیں، پہلا عشرہ رحمت، دوسرا مغفرت اور تیسرا جہنم سے آزادی کا ہے۔

اللہ تعالیٰ نے اپنی تمام مخلوقات میں انسان کو اشرف و اکرم بنایا، اس کی فطرت میں نیکی اور بدی، بھلائی اور برائی، تابعداری و سرکشی اور خوبی و خامی دونوں ہی قسم کی صلاحیتیں اور استعدادیں یکساں طور پر رکھ دی ہیں۔ جیسا کہ اللہ تعالیٰ نے سورۃ البقرۃ

(آیت ۱۸۳، ۱۸۴) میں فرمایا- ترجمہ: 'اے ایمان والو! فرض کیا گیا تم پر روزہ، جیسے فرض کیا گیا تھا تم سے اگلوں پر، تاکہ تم پرہیز گار ہو جاؤ، چند روز ہیں گنتی کے'۔ یہی تقویٰ و پرہیز گاری ہے جو روزے کا اصل مقصد ہے۔ تقویٰ کا معنی ہے، نفس کو برائیوں سے روکنا۔

حضور اکرم محمد صلی اللہ علیہ وسلم نے فرمایا (لکل شی زکوۃ وزکوۃ الابدان الصیام) ہر چیز کی زکات ہے اور انسانوں کے بدن کی زکات روزہ ہے۔ آپؐ نے فرمایا (ان من الدنیا احب ثلاثۃ اشیاء الصوم فی الصیف والضرب بالسیف واکرام الضیف) میں دنیا میں سے تین چیزوں سے محبت کرتا ہوں، موسم گرما کا روزہ، راہ خدا میں تلوار چلانا اور مہمان کا احترام کرنا۔ ایک صحابیؓ نے حضور اکرم سے عرض کیا اے اللہ کے رسول! مجھے کسی ایسے عمل کا حکم دیجیے جس سے اللہ تعالیٰ مجھے نفع دے۔ آپؐ نے ارشاد فرمایا، روزہ رکھا کرو، اس کے مثل کوئی عمل نہیں (سنن نسائی)۔

قرآن وحدیث کی روشنی میں روزہ کی فرضیت وفضیلت

قرآن حکیم میں روزہ کی فرضیت کے بارے میں اللہ تعالیٰ نے ارشاد فرمایا:

"یٰاَیُّھَا الَّذِیْنَ اٰمَنُوْا کُتِبَ عَلَیْکُمُ الصِّیَامُ کَمَا کُتِبَ عَلَی الَّذِیْنَ مِنْ قَبْلِکُمْ لَعَلَّکُمْ تَتَّقُوْنَ (البقرۃ، ۱۸۳)"

ترجمہ: اے ایمان والو! تم پر اسی طرح روزے فرض کیے گئے ہیں جیسے تم سے پہلے لوگوں پر فرض کیے گئے تھے تاکہ تم پرہیز گار بن جاؤ۔

حضور اکرم صلی اللہ علیہ وسلم نے ارشاد فرمایا:

اَلصَّوْمُ جُنَّۃٌ مِنَ النَّارِ کَجُنَّۃِ اَحَدِکُمْ مِنَ الْقِتَالِ (نسائی، السنن، کتاب الصیام)

ترجمہ: روزہ جہنم کی آگ سے ڈھال ہے جیسے تم میں سے کسی شخص کے پاس لڑائی

کی ڈھال ہو۔

حضرت ابوہریرہ رضی اللہ عنہ سے مروی ہے کہ حضور نبی اکرم صلی اللہ علیہ وسلم نے روزہ کی فضیلت بیان کرتے ہوئے فرمایا:

مَنْ صَامَ رَمَضَانَ اِیْمَانًا وَّ اِحْتِسَابًا غُفِرَ لَہ. مَا تَقَدَّمَ مِنْ ذَنْبِہ (بخاری، الصحیح، کتاب الصوم)۔

ترجمہ: جس نے بحالتِ ایمان ثواب کی نیت سے رمضان کے روزے رکھے اس کے سابقہ گناہ معاف کر دیے جاتے ہیں۔ حضرت ابوہریرہ رضی اللہ عنہ سے مروی ہے کہ حضور نبی اکرم صلی اللہ علیہ وسلم نے فرمایا:

کُلُّ عَمَلِ ابْنِ آدَمَ یُضَاعَفُ الْحَسَنَۃُ بِعَشْرِ اَمْثَالِھَا اِلَی سَبْعِمِائَۃِ ضِعْفٍ اِلَی مَا شَاءَ اللہُ، یَقُوْلُ اللہُ تَعَالَی : اِلَّا الصَّوْمَ فَاِنَّہُ لِی، وَاَنَا اَجْزِی بِہِ (ابن ماجہ، السنن، کتاب الصیام)۔

ترجمہ: آدم کے بیٹے کا نیک عمل دس گنا سے لے کر سات سو گنا تک آگے جتنا للہ چاہے بڑھایا جاتا ہے۔ للہ تعالیٰ نے فرمایا ہے: روزہ اس سے مستثنیٰ ہے کیونکہ وہ میرے لئے ہے اور میں ہی اس کی جزا دوں گا۔

مندرجہ بالا حدیث مبارکہ سے یہ چیز واضح ہوتی ہے کہ اعمال صالحہ کا ثواب صدق نیت اور اخلاص کی وجہ سے دس گنا سے بڑھ کر سات سو گنا تک بلکہ بعض دفعہ اس سے بھی زیادہ ہوتا ہے لیکن روزہ کا ثواب بے حد اور بے اندازہ ہے۔ یہ کسی ناپ تول اور حساب کتاب کا محتاج نہیں، اس کی مقدار للہ تعالیٰ کے سوا کوئی نہیں جانتا۔ روزے کی اس قدر فضیلت کے درج ذیل اسباب ہیں:

روزہ لوگوں سے پوشیدہ ہوتا ہے اسے للہ کے سوا کوئی نہیں جان سکتا جبکہ دوسری عبادتوں کا حال لوگوں کو معلوم ہو سکتا ہے۔ اس لحاظ سے روزہ خالص للہ تعالیٰ کے لئے ہی

ہے۔ روزے میں نفس کشی، مشقت اور جسم کو صبر و برداشت کی بھٹی سے گزرنا پڑتا ہے۔ اس میں بھوک، پیاس اور دیگر خواہشات نفسانی پر صبر کرنا پڑتا ہے جبکہ دوسری عبادتوں میں اس قدر مشقت اور نفس کشی نہیں ہے۔ روزہ میں ریاکاری کا عمل دخل نہیں ہوتا جبکہ دوسری ظاہری عبادات مثلاً نماز، حج، زکوٰۃ وغیرہ میں ریاکاری کا شائبہ ہو سکتا ہے۔ کھانے پینے سے استغناء روزہ دار کو للہ تعالیٰ کے قریب کر دیتا ہے۔ روزہ کے ثواب کا علم للہ تعالیٰ کے سوا کسی کو نہیں جبکہ باقی عبادات کے ثواب کو اللہ تعالیٰ نے مخلوق پر ظاہر کر دیا ہے۔ روزہ ایسی عبادت ہے جسے للہ کے سوا کوئی نہیں جان سکتا حتی کہ فرشتے بھی معلوم نہیں کر سکتے۔ جزاء صبر کی کوئی حد نہیں ہے اس لئے رمضان کے روزوں کی جزاء کو بے حد قرار دیتے ہوئے للہ تعالیٰ نے اس کو اپنی طرف منسوب کیا کہ اس کی جزاء میں ہوں۔

حضور اکرم محمد صلی اللہ علیہ وسلم چند باتوں کا اہتمام کیا کرتے تھے اور اُمت کو بھی ان کی تعلیم اور تلقین فرماتے تھے۔ آپؐ شعبان کی تاریخوں کی جس قدر نگہداشت فرماتے تھے اتنا دوسرے مہینوں کی نہیں فرماتے تھے۔ آپؐ نے ارشاد فرمایا: رمضان کی خاطر شعبان کے چاند کا اہتمام کیا کرو۔ آپؐ نے سحری کھانے کا حکم فرمایا، 'سحری کھایا کرو، کیونکہ سحری کھانے میں برکت ہے' اور فرمایا 'ہمارے اور اہل کتاب کے روزے کے درمیان سحری کھانے کا فرق ہے'۔ یعنی اہلِ کتاب کو سو جانے کے بعد کھانا پینا ممنوع تھا۔ آپؐ نے ارشاد فرمایا کہ لوگ ہمیشہ خیر پر رہیں گے جب تک کہ (غروب آفتاب کے بعد) افطار میں جلدی کرتے رہیں گے۔ رمضان میں ذکر کرنے والا بخشا جاتا ہے اور اس ماہ میں مانگنے والا بے مراد نہیں رہتا۔ روزہ دار کی روزانہ ایک دعا قبول ہوتی ہے۔ رمضان میں روزانہ بہت سے لوگ دوزخ سے آزاد کیے جاتے ہیں۔

حضور اکرم صلی اللہ علیہ وسلم رمضان کے آخری عشرہ میں خود بھی شب بیدار

رہتے اور اپنے گھر والوں کو بھی بیدار رکھتے۔ آپؐ نے فرمایا کہ شب قدر کو رمضان کے آخری عشرہ میں تلاش کرو۔ جب لیلۃ القدر آتی ہے تو جبرئیل علیہ السلام فرشتوں کے ساتھ نازل ہوتے ہیں اور ہر بندہ جو کھڑا یا بیٹھا اللہ تعالیٰ کا ذکر کر رہا ہو (تلاوت، تسبیح و تہلیل اور نوافل، الغرض کسی طریقے سے ذکر و عبادت میں مشغول ہو) اس کے لیے دعائے رحمت کرتے ہیں۔ اگر کسی نے بغیر عذر اور بیماری کے رمضان کا ایک روزہ چھوڑ دیا، خواہ وہ ساری زندگی روزہ رکھتا رہے، وہ اس کی تلافی نہیں کر سکتا۔ روزہ کی حالت میں بے ہودہ باتوں مثلاً غیبت، بہتان، گالی گلوچ، لعن، طعن، غلط بیانی، تمام گناہوں سے پرہیز کیا جائے، ورنہ سوائے بھوکا پیاسا رہنے کے کچھ حاصل نہ ہو گا۔ اگر کوئی دوسرا آ کر ناشائستہ بات کرے تو یہ کہہ دے کہ میں روزہ سے ہوں، کیونکہ روزہ ڈھال ہے۔

طبی لحاظ سے بھی روزوں کے بے شمار فوائد ہیں۔ روزہ رکھنے سے معدے کی تکالیف اور اس کی بیماریاں ٹھیک ہو جاتی ہیں اور نظام ہضم بہتر ہو جاتا ہے۔ روزہ شوگر لیول، کولیسٹرول اور بلڈ پریشر میں اعتدال لاتا ہے۔ روزے کے دوران خون کی مقدار میں کمی ہو جاتی ہے اور اس کی وجہ سے دل کو انتہائی فائدہ مند آرام پہنچتا ہے۔ روزے سے جسمانی کھچاؤ، ذہنی تناؤ، ڈپریشن اور نفسیاتی امراض کا خاتمہ ہوتا ہے۔ روزہ رکھنے سے موٹاپے میں کمی واقع ہوتی اور اضافی چربی ختم ہو جاتی ہے۔

روزے کی رخصت:

کوئی مسلمان جو بیمار نہ ہو لیکن طبیب یہ کہے کہ وہ روزے رکھنے سے بیمار ہو جائے گا تو وہ روزہ چھوڑ سکتا ہے۔ حاملہ یا دودھ پلانے والی عورت کو اگر روزہ رکھنے سے اپنی یا بچے کی جان کا یا اس کے بیمار ہو جانے کا اندیشہ ہو تو اس کو بھی اجازت ہے۔ جس مسافر نے فجر سے قبل سفر شروع کیا اس کو تو روزہ چھوڑنے کی اجازت ہے لیکن جس نے فجر کے بعد سفر

کیا اس کو اس دن کا روزہ چھوڑنے کی اجازت نہیں۔ (خزائن العرفان، البقرة)

رمضان المبارک کا مقدس مہینہ ساری دنیا کے مسلمانوں کے لیے ذکر و فکر، تسبیح و تہلیل، کثیر تلاوت و نوافل اور صدقہ و خیرات کا باعث بنتا ہے۔ اس مہینے کو پا کر دنیا کا ہر مسلمان اپنے اپنے ایمان اور تقویٰ کے مطابق حصہ لے کر اپنے جسم و روح کے لیے تقویت کا سامان فراہم کرتا ہے۔ جس نے اس ماہ میں اپنے ماتحتوں کے کام میں تخفیف کی تو اللہ تعالیٰ اس کے بدلہ اس کی مغفرت اور اسے جہنم سے آزادی کا پروانہ دیں گے۔ پورا سال جنت کو رمضان المبارک کے لیے آراستہ کیا جاتا ہے۔ ایک نیکی کا ثواب دس سے لے کر سات سو تک بڑھا دیا جاتا ہے، مگر روزہ اس سے مستثنیٰ ہے، اللہ تعالیٰ کا ارشاد ہے، 'روزہ صرف میرے لیے ہے اور اس کا اجر میں خود دوں گا'۔ معدہ کے خالی ہونے کی وجہ سے روزہ دار کے منہ کی بو اللہ تعالیٰ کے نزدیک مشک سے زیادہ خوشبودار ہے۔ یہ مہینہ گویا ایمان اور اعمال کو تازہ کرنے کے لیے آتا ہے۔ روزہ اور قرآن کریم دونوں بندے کی شفاعت کریں گے اور بندے کے حق میں دونوں کی شفاعت قبول کی جائے گی۔

* * *

ماہ رمضان المبارک کا آغاز: موسم بہاراں کی آمد

آیت اللہ خامنہ ای

ماہ رمضان المبارک کا آغاز در حقیقت مسلمانوں کے لئے موسم بہاراں کی آمد ہے۔ اس مبارک مہینے کا آغاز مسلمانوں کی عید ہے جس پر انہیں ایک دوسرے کو مبارکباد پیش کرنا چاہئے اور اس مہینے کی برکتوں سے زیادہ سے زیادہ مستفیض ہونے کی سفارش کرنا چاہئے۔ یہ ضیافت الٰہی کا مہینہ ہے۔ اس مہینے میں مومنین اور وہی افراد ضیافت پروردگار کے دستر خوان پر بیٹھنے کا شرف حاصل کر پاتے ہیں جو اس مہمانی کے قابل ہیں۔ یہ اللہ تعالیٰ کے دستر خوان کرم سے مختلف دستر خوان ہے۔ اللہ تعالیٰ کا عمومی دستر خوان لطف و کرم تمام انسانوں ہی نہیں بلکہ تمام مخلوقات کے لئے بچھا ہوا ہے اور سب کے سب اس سے بہرہ مند ہو رہے ہیں۔ یہ (ماہ مبارک رمضان میں بچھنے والا) ضیافت الٰہی کا دستر خوان خاصان خدا سے مخصوص ہے۔

ماہ رمضان کے سلسلے میں سب سے بنیادی مسئلہ یہ ہے کہ انسان ایسے بے شمار علل و اسباب میں گھرا ہوا ہے جو اسے ذکر الٰہی سے غافل اور راہ پروردگار سے منحرف کر دیتے ہیں۔ گونا گوں خواہشیں اور جذبات اسے پستی و تنزلی کی جانب دھکیلتے ہیں۔ ماہ مبارک رمضان کی آمد پر اس انسان کو ایک موقع ملتا ہے کہ اپنی روح اور پاکیزہ باطن کو جو فطری اور قدرتی طور پر کمال و تکامل کی جانب مائل ہوتا ہے، بلندیوں کی سمت لے جائے، قرب

الٰہی حاصل کرے اور اخلاق حسنہ سے خود کو آراستہ کر لے۔ تو ماہ مبارک رمضان انسان کے لئے خود سازی اور نفس کی تعمیر نو کا مہینہ اور پروردگار سے مانوس اور قریب ہونے کے لئے ساز گار موسم بہار ہے۔

ماہ مبارک رمضان کی برکتیں ان افراد سے شروع ہوتی ہیں جو اس مبارک مہینے میں اللہ تعالی کا مہمان ہونا چاہتے ہیں۔ یہ برکتیں ان مومنین کے قلوب سے شروع ہوتی ہیں۔ اس مہینے کی برکتوں کی برسات سب سے پہلے مومنین، روزہ داروں اور اس مہینے کی مقدس فضامیں قدم رکھنے والوں پر ہوتی ہے۔ ایک طرف اس مہینے کے روزے، دوسری طرف اس بابرکت مہینے میں تلاوت کلام پاک اور اس کے علاوہ اس مہینے کی مخصوص دعائیں انسان کے نفس کو پاکیزہ اور اس کے باطن کو طاہر بنا دیتی ہیں۔ ہر سال کا ماہ رمضان بہشت کے ایک ٹکڑے کی حیثیت سے ہماری مادی دنیا کے تپتے صحرا میں اتار دیا جاتا ہے اور ہم اس مبارک مہینے میں ضیافت پروردگار کے دستر خوان پر بیٹھ کر جنت کے موسم بہاراں سے آشنا اور لطف اندوز ہونے کا موقع پا جاتے ہیں۔ بعض افراد اس مہینے کے تیس دنوں میں جنت کی سیر کرتے ہیں اور بعض خوش نصیب تو اس ایک مہینے کی برکت سے پورے سال وادی جنت میں گھومنے پھرنے کا بندوبست کر لیتے ہیں جبکہ بعض، اس کی برکتوں سے پوری عمر جنت کا لطف اٹھاتے ہوئے گزارتے ہیں۔

اس کے بر عکس بعض افراد ایسے بھی ہیں جو آنکھیں بند کئے اور کانوں میں تیل ڈالے اس مہینے کے نزدیک سے گزر جاتے ہیں اور اس کی برکتوں کو ایک نظر دیکھنے کی بھی زحمت گوارا نہیں کرتے۔ یہ بڑے افسوس کا مقام اور ان کے لئے بہت بڑا خسارہ ہے۔ جو شخص ماہ مبارک رمضان کی برکت سے ھوی و ہوس اور نفسانی خواہشات کو قابو میں کرنے میں کامیاب ہو گیا اس نے در حقیقت بہت بڑی کامیابی حاصل کی ہے اور اسے چاہئے کہ

اس کی دل و جان سے حفاظت کرے۔ جو شخص نفسانی خواہشات اور ہوسرانی سے پریشان ہے اس مبارک مہینے میں اپنی ان خواہشات پر غلبہ حاصل کر سکتا ہے۔ انسان کی تمام بد بختیوں کی جڑ، نفسانی خواہشات کی پیروی اور ان کا اسیر ہو جانا ہے۔ جو بھی ظلم اور ناانصافی ہوتی ہے، جتنے فریب اور دھوکے دئے جاتے ہیں، تمام ظالمانہ جنگیں، بدعنوان حکومتیں یہ ساری کی ساری برائیاں نفسانی خواہشات کی پیروی کا نتیجہ ہے۔ اگر انسان اپنے نفس پر غالب آجائے تو اسے نجات حاصل ہو جائے گی اور اس کے لئے بہترین موقع ماہ مبارک رمضان ہے۔

بنابریں سب سے اہم مسئلہ گناہوں سے پرہیز کا ہے، ہمیں چاہئے کہ اس مہینے میں تہذیب نفس کریں اور گناہوں سے دور رہنے کی کوشش اور مشق کریں۔ اگر ہم نے خود کو گناہوں سے دور کر لیا تو عالم ملکوت میں ہماری معنوی پرواز کے لئے فضا ہموار ہو جائے گی اور انسان معنوی سفر کرتے ہوئے وہ راستہ طے کرے گا جو اس کے لئے معین کیا گیا ہے لیکن اگر اس کی پشت پر گناہوں کی سنگینی باقی رہی تو یہ چیز ممکن نہ ہو گی۔ ماہ مبارک رمضان گناہوں سے دور ہونے کا بہترین موقع ہے۔

روزہ جسے الٰہی فریضہ کہا جاتا ہے در حقیقت ایک الٰہی نعمت اور تحفہ ہے۔ ان لوگوں کے لئے ایک سنہری موقع ہے جو روزہ رکھنے کی توفیق حاصل کرتے ہیں۔ البتہ اس کی اپنی سختیاں اور صعوبتیں بھی ہیں۔ جتنے بھی بابرکت، مفید اور اہم اعمال ہیں ان میں دشواریاں ہوتی ہیں۔ انسان دشواریوں کا سامنا کئے بغیر کسی منزل پر نہیں پہنچ سکتا۔ روزہ رکھنے میں جو سختی برداشت کرنا ہوتی ہے وہ اس جزا اور ثمرے کے مقابلے میں ہیچ ہے جو روزہ رکھنے کے نتیجے میں انسان کو ملتا ہے۔ روزے کے تین مراحل ذکر کئے گئے ہیں اور یہ تینوں مراحل اپنے مخصوص فوائد اور ثمرات کے حامل ہیں۔ سب سے پہلا مرحلہ، روزہ کا یہی

عمومی مرحلہ ہے، یعنی کھانے پینے اور دیگر مبطلات روزہ سے پرہیز کرنا۔ اگر ہمارے روزے کالب لباب انہی مبطلات روزہ سے پرہیز ہے تب بھی اس کی بڑی اہمیت و قیمت اور بڑے فوائد ہیں۔ اس سے ہمارا امتحان بھی ہو جاتا ہے اور ہمیں کچھ سبق بھی ملتا ہے۔ تو یہ روزہ درس بھی اور زندگی کے لئے امتحان بھی۔ ساتھ ہی یہ مشق اور ورزش بھی ہے۔ امام جعفر صادق علیہ السلام سے منقول ہے کہ لیستوی بہ الغنی و الفقیر اللہ تعالی نے روزہ اس لئے واجب کیا کہ ان مخصوص ایام میں مخصوص اوقات کے دوران غنی و فقیر برابر ہو جائیں۔ جو افراد تہی دست اور غریب ہیں وہ ہر وہ چیز نہیں حاصل کر سکتے ہیں جو ان کی خواہش ہوتی ہے لیکن غنی و دولتمند انسان کا جب جو کھانے اور پہننے کا دل کرتا ہے اس کے لئے وہ چیز فراہم رہتی ہے۔ چونکہ امیر انسان کی ہر خواہش فوراپوری ہو جاتی ہے اس لئے اسے تہی دست اور غریب کا حال نہیں معلوم ہو پاتا لیکن روزہ رکھنے کی صورت میں سب یکساں اور مساوی ہو جاتے ہیں اور سب کو اپنی خواہشیں دبانا پڑتی ہیں۔

جو شخص بھوک اور پیاس تحمل کر چکا ہوتا ہے اسے ان سختیوں کا بخوبی اندازہ رہتا ہے اور وہ ان صعوبتوں کو برداشت کرنے پر قادر ہو جاتا ہے۔ ماہ مبارک رمضان انسان کو سختیوں اور دشواریوں سے نمٹنے کی طاقت و توانائی عطا کرتا ہے۔ فرائض کی ادائیگی کی راہ میں صبر وضبط سے کام لینے کی مشق کرواتا ہے۔ تو اس عمومی مرحلے میں بھی اتنے سارے فوائد ہیں۔ اس کے علاوہ بھی انسان کا شکم جب خالی رہتا ہے اور وہ ایسے بہت سے کاموں سے روزے کی وجہ سے پرہیز کرتا ہے جو عام حالات میں اس کے لئے جائز ہیں تو اس کے وجود میں ایک نورانیت اور لطافت پیدا ہوتی ہے جو واقعی بہت قابل قدر ہے۔

روزے کا دوسرا مرحلہ گناہوں سے دوری اور اجتناب کا ہے۔ روزے کی وجہ سے انسان، آنکھ، کان، زبان اور دل حتی جلد جیسے جسمانی اعضاء و اجزاء کو گناہوں سے دور

رکھنے کی کوشش کرتا ہے۔ اس کا درجہ پہلے مرحلے کی بنسبت زیادہ بلند ہوتا ہے۔ رمضان کا مہینہ انسان کے لئے گناہوں سے اجتناب کی مشق کا بہت مناسب موقع ہوتا ہے۔ لہذا دوسرے مرحلے کا روزہ وہ ہوتا ہے جس کے ذریعے انسان خود کو گناہوں سے پاک ومنزہ بنالیتا ہے، آپ نوجوانوں کا فریضہ ہے کہ خود کو گناہوں سے محفوظ رکھیں۔ آپ ابھی نوجوان ہیں۔ نوجوانی میں انسان کے پاس طاقت و توانائی بھی زیادہ ہوتی اور اس کا دل بھی پاک وپاکیزہ ہوتا ہے۔ ماہ رمضان میں نوجوانوں کو ان خصوصیات سے کماحقہ استفادہ کرنا چاہئے۔ اس مہینے میں آپ گناہوں سے دوری و اجتناب کی مشق کیجئے جو روزے کا دوسرا مرحلہ ہے۔

روزے کا تیسرا مرحلہ ایسی ہر چیز سے پرہیز ہے جو انسان کے دل و دماغ کو ذکر الہی سے غافل کر دے۔ یہ روزے کا وہ مرحلہ ہے جس کا مقام بہت بلند ہے۔ یہ وہ مرحلہ ہے جس میں روزہ، روزہ دار کے دل میں ذکر الہی کی شمع روشن کر دیتا ہے اور اس کا دل معرفت پروردگار سے منور ہو جاتا ہے۔ اس مرحلے میں انسان کے لئے ہر وہ چیز مضر ہے جو اسے ذکر پروردگار سے غافل کر سکتی ہو۔ کتنے خوش قسمت ہیں وہ لوگ جو روزہ داری کی اس منزل پر فائز ہیں۔

ماہ رمضان، دعاو مناجات اور تقوا و پرہیز گاری کا مہینہ ہے۔ یہ وہ مہینہ ہے جس میں ہم عبادات اور اذکار کے ذریعے روحانی و معنوی قوت حاصل کر کے سنگلاخ وادیوں اور دشوار گزار راستوں سے گزر کر منزل مقصود تک پہنچ سکتے ہیں۔

ماہ رمضان، قوت و توانائی کا سرچشمہ ہے۔ اس مہینے میں لوگوں کو چاہئے کہ خود کو معنوی خزانوں تک پہنچائیں اور پھر حتی المقدور اس خزانے سے سرمایہ حاصل کریں اور آگے بڑھنے کے لئے آمادہ ہوں۔ ماہ رمضان میں روزہ، نماز، دعا و مناجات، بندگی و

عبادات کا ایک خوبصورت گلدستہ ہمارے سامنے ہوتا ہے اگر ہم اس پر توجہ دیں اور تلاوت کلام پاک کی خوشبو کا بھی اس میں اضافہ کر لیں، کیونکہ ماہ رمضان کو قرآن کے موسم بہار سے تعبیر کیا گیا ہے، تو خود سازی اور تہذیب نفس، سعادت و خوشبختی کی بڑی حسین منزل پر ہمارا ورود ہو گا۔

ماہ مبارک رمضان کے شب و روز میں آپ اپنے دلوں کو ذکر الٰہی سے منور رکھئے تا کہ شب قدر کے استقبال کے لئے آپ تیار ہو سکیں۔ لیلۃ القدر خیر من الف شھر تنزل الملائکۃ والروح فیھا باذن ربھم من کل امر یہ وہ شب ہے جس میں فرشتے زمین کو آسمان سے متصل کر دیتے ہیں۔ قلوب پر نور کی بارش ہوتی ہے اور پورا ماحول لطف الٰہی کے نور سے جگمگا اٹھتا ہے۔ یہ رات معنوی سلامتی اور دل و جان کی جلا، اخلاقی، معنوی، مادی، سماجی اور دیگر بیماریوں سے شفا کی شب ہے۔ یہ وہ بیماریاں ہیں جو بد قسمتی سے بہت سی قوموں حتی مسلم اقوام میں سرایت کر گئی ہیں۔ ان سب سے نجات اور شفا شب قدر میں ممکن ہے بس شرط یہ ہے کہ پوری تیاری کے ساتھ اس رات میں داخل ہوا جائے۔ ہر سال کو اللہ تعلی کی جانب سے ایک سنہری موقع عطا کیا جاتا ہے اور وہ موقع و وقت ماہ مبارک رمضان ہے۔ اس مہینے میں دلوں میں لطافت، روح میں درخشندگی پیدا ہو جاتی ہے اور انسان رحمت پروردگار کی خاص وادی میں قدم رکھنے کے لائق بن جاتا ہے۔ اس مہینے میں ہر شخص اپنی استعداد کے مطابق ضیافت پروردگار سے استفادہ کرتا ہے۔ جب یہ مہینہ اپنے اختتام کو پہنچ جاتا ہے تو ایک نیا دن شروع ہوتا ہے جو عید کا دن ہوتا ہے۔ یعنی وہ دن جب انسان ماہ رمضان میں حاصل ہونے والے ثمرات اور توفیقات کے ذریعے پورے سال کے لئے صراط مستقیم کا انتخاب کر کے کجروی سے خود کو محفوظ بنا سکتا ہے۔

عید فطر کاوشوں اور زحمتوں کا ثمرہ حاصل کرنے اور رحمت الٰہی کے دیدار کا دن ہے۔

عید فطر کے تعلق سے بھی ایک اہم بات اس دن پورے سال کے لئے آمادگی کا سنجیدہ فیصلہ ہے۔ یہیں سے آئندہ سال کے ماہ مبارک رمضان کے خیر مقدم کی تیاری شروع ہوتی ہے، اگر کوئی چاہتا ہے کہ ماہ رمضان میں اللہ تعالی کا مہمان بنے اور شب قدر کی برکتوں سے بہرہ مند ہو تو اسے پورے گیارہ مہینے بہت محتاط رہنا ہو گا۔ عید کے دن اسے یہ عہد کرنا ہو گا کہ پورا سال اسے اس انداز سے بسر کرنا ہے کہ ماہ رمضان خود اس کا استقبال کرے اور وہ ضیافت الٰہی کے دستر خوان پر بیٹھنے کے لائق ہو۔ یہ ایک انسان کو ملنے والا سب سے بڑا فیض ہو سکتا ہے۔ یہ ایک انسان اور اس کے تمام متعلقین نیز اسلامی معاشرے سے وابستہ تمام امور میں کامیابی و کامرانی کا بہترین وسیلہ ہے۔

اگر ہم پوری آمادگی کے ساتھ ماہ رمضان میں داخل ہوئے تو ضیافت الٰہی سے بھرپور استفادہ کر سکیں گے ہم ایک زینہ اوپر پہنچ جائیں گے اور ہمارا درجہ بلند ہو گا۔ پھر ہم اپنے دل و جان کی گہرائیوں میں بھی اور اپنے گرد و پیش کے حالات میں بھی وہ مناظر دیکھیں گے جن سے ہمیں حقیقی خوشی اور مسرت حاصل ہو گی۔

* * *

ماہِ مقدس کی عبادتوں سے متعلق کتاب

رمضان کی عبادتیں

مرتبہ : مکرم نیاز

بین الاقوامی ایڈیشن جلد منظر عام پر آ رہا ہے